被虐待児の視点からみる
児童虐待対応法制度

その構想と制度「評価」の検討

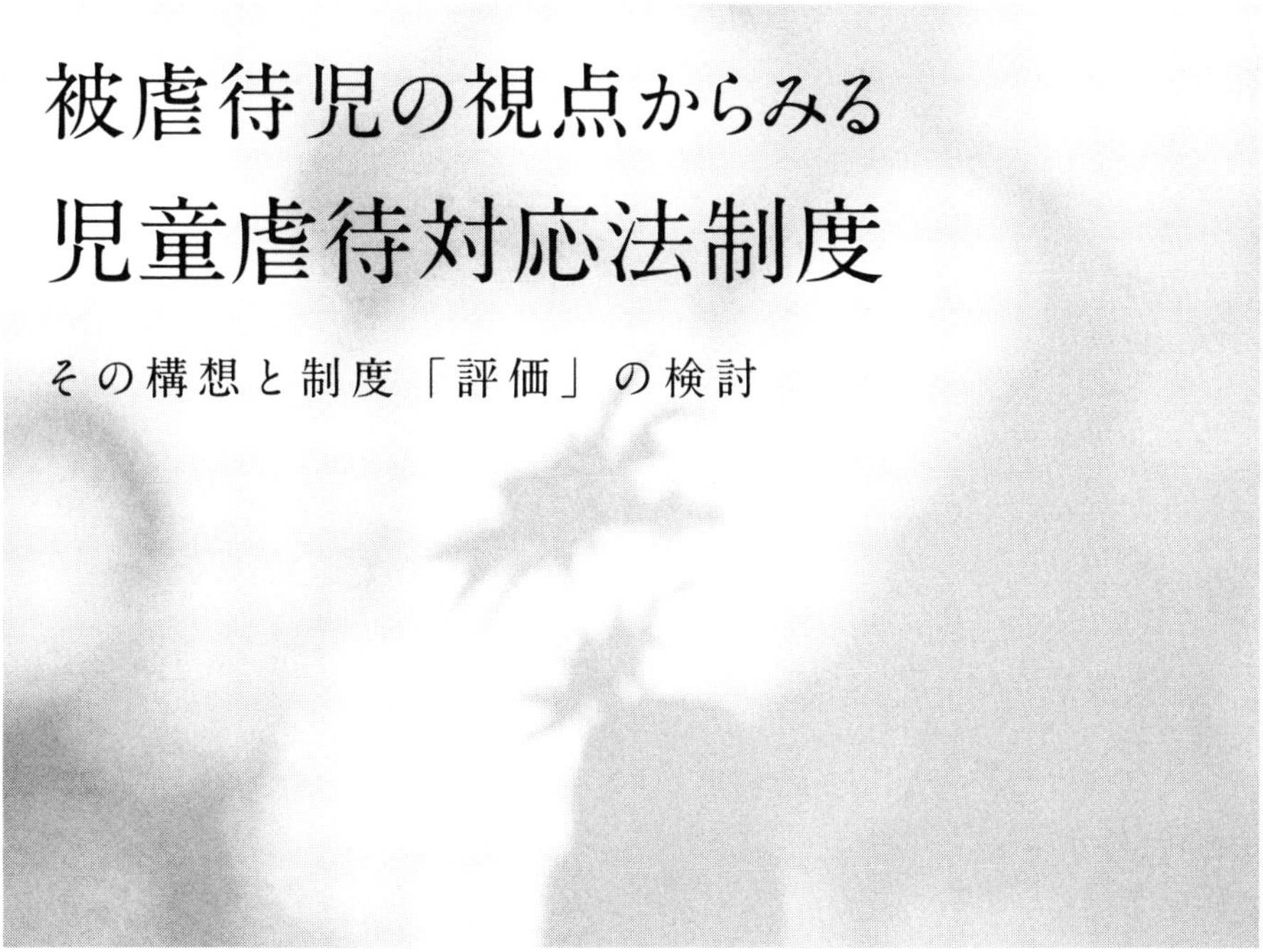

根岸 弓 Negishi Yumi

生活書院

はじめに

毎年児童虐待のつらいニュースを目にする。二〇一八年には、二つの虐待死事件が大きく報道され、子どもたちの命を守るために、警察介入の強化など公権力の強権的介入が強く叫ばれた。

確かに、子どもの命を守るための強権的介入も必要だ。しかし、現在、介入対象となる「児童虐待」には、危機的状況のみならず、広範囲な親子関係が含まれる。例えば、子どもは元気に育っているものの「虐待しそうだ」と訴えて「虐待が危惧されるケース」として把握されるものがある。あるいは、親子関係に問題はなく、親も子も共に暮らすことを希望しているにも関わらず、家庭の経済状況が「子どもに適切な環境ではない」と、家庭分離されるケースもある。さらに、まだ出産もしていない女性が、若年で貧困であるという理由で虐待リスクのある人と捉えられる。このようなケースにも、強権的介入が求められるのだろうか。

児童虐待への対応は、諸外国に目を向ければ、強権的介入と当事者（保護者または子ども）の主体的権利の保障との間で揺れ動いてきた。それは、児童虐待が「不適切な養育」と解釈され、「子どものため」を核に定義が拡大されて、次々と介入を呼び込んでいった事実と無関係ではない。例えば、一九世紀末から一九〇〇年代のアメリカでは、貧困家庭や黒人家庭を「子どものため」に〝不適切な養育環境〟だとして次々と家庭分離をおこなったが、成人した元子どもたちから家庭分離はアイデンティティの混乱を招いたと批判がおこり、制度改正がなされた（野瀬 2003 など）。これは、たとえそれが「子どものため」になされた介入であったとしても、強権的介入だけでは、子どもの福祉に適わなかったことを示している。

とはいえ、諸外国の制度も個々に異なり、一様ではない。アメリカをはじめ、様々な国の制度が紹介されて久しいが、その制度設計に一つとして同じものはなく、例えばアメリカとスウェーデンのどちらを参考にすべきか、その根拠を明確に示すのは容易ではない。

本書は、二〇一八年の学位論文「日本の被虐待児の福祉に資する児童虐待対応法制度の構想——評価指標の構築および制度構想に対する理論的・経験的検討」を加筆修正したもので、私の素朴な疑問から出発している。それは、日本の児童虐待対応制度は、つまるところ何が十分で何が足りないのか、また、どのような制度が〝望ましい〟制度なのか、という疑問である。そして、この〝望ましさ〟については、一旦支援者の視点から離れ、理論と虐待サバイバーの意見から検討したい、というものである。なぜなら、児童虐待対応制度は被虐待児の福祉の保障のためにあり、被虐待児から制度評価を得ることが必要だと考えるからである。

十分に検討できていないところも多いが、児童虐待対応制度をどのように「評価」していくか、その方法について、わずかばかりでも提案できれば幸いである。

本書の出版にあたっては、公益財団法人日本証券奨学財団（Japan Securities Scholarship Foundation）の助成金を受けた。

■初出一覧

根岸弓（2013）「児童虐待対応制度の基本構造とその意味――親と子の主体化を基準とする分析モデルの提唱」『社会福祉学』54(2), 32-43.

根岸弓（2015）「児童虐待対応制度の評価指標の構築と経験的適用の国際比較からみえる日本の制度的特徴」『社会福祉学』56(3), 29-43.

根岸弓（2018）「日本の被虐待児の福祉に資する児童虐待対応法制度の構想――評価指標の構築および制度構想に対する理論的・経験的検討」首都大学東京博士学位論文

被虐待児の視点からみる児童虐待対応法制度

――その構想と制度「評価」の検討

目　次

第1部　児童虐待対応制度をめぐる評価研究の論点

序章　なぜ児童虐待対応法制度を研究しなければならないのか

第1章　日本の児童虐待対応法制度の変遷

第2部　日本の児童虐待対応法制度の特徴

第4章　日本の児童虐待対応法制度の特徴――「『参加』の権利スケール」の適用

第3部　被虐待児にとっての望ましい制度とは

第5章　理論的側面からの検討──パレンス・パトリエ思想とパターナリズム論から

第6章　経験的側面からの検討（1）
――被虐待児は「参加」を保障されるべき対象であるのか

第7章　経験的側面からの検討（2）
――被虐待児の被介入経験から望まれる児童虐待対応法制度

第4部 「望ましい」制度は実現できるのか

第8章 日本の児童虐待対応法制度の構造を支えるものは何か

終章 児童虐待対応法制度の「評価」と構想

第1部　児童虐待対応法制度をめぐる評価研究の論点

序章　なぜ児童虐待対応法制度を研究しなければならないのか

1　問題の所在

一九六〇年代にアメリカの小児科医であるHenry Kempらが「発見」する以前から、児童虐待は――その事象に「児童虐待」という名称はつけられていなかったとしても――さまざまな国や地域で、民間事業あるいは社会事業として対応されてきた。日本や欧米諸国においてこれらの介入が始められたきっかけは、「不適切に」養育された子ども（あるいは、「不適切に」養育され、成人した者）の逸脱行為からの社会防衛であったが、一九世紀後半以降、虐待死からの子どもの保護の側面から介入がおこなわれるようになった[1]。Kempらによる児童虐待の「発見」以降は研究も盛んにおこなわれ、児童虐待とは、子どもの物質的側面[2]だけでなく情緒的側面[3]にもダメージを与える事象であること（杉山 2007: 147-70 など）、また、その影響は成人期にも及ぶことがあり（石井 2016）、ひいては社会的損失につながる可能性のあることが指摘されてきた（Wada 2014）。さらに、一九八九年の児童権利条約締結以降は、児童虐待が人権侵害であるとの見方も定着し（例えば、大江 2004）、いかなる時も子どもの最善の利益を志向することが求められるようになった。こうして、今日では社会的損失の防止の観点だけでなく、子どもの人権の保護や最善の利益の保障を含めた社会正義の観点からも、児童虐待への社会的対応が要請されている。

さて、対応の過程では、保護者と子どもの関係性に支援者が介入をおこなうことになり、介入があれば被介入者である保護者と子は何らかの影響を受ける。そのため、その介入のあり方によっては、被虐待児にさらなる精神的・身体的負荷を与える可能性がある。児童虐待への対応はそもそも、人権の保護や最善の利益の保障といった被虐待児の福祉の確保を目的の一つとしているのだから、対応の過程における被虐待児へのさらなる精神的・身体的負荷は極力避けられなければならない。したがって、対応は、なされればよいというものではなく、対応のあり方そのものが問われる必要がある。

2　研究目的

従来の児童虐待対応研究では、大きく制度・政策面からのアプローチと援助技術面からのアプローチがとられてきた。このうち、本研究では制度・政策面からのアプローチ、特に法制度に焦点を当てる。その理由は以下の二点である。第一に、われわれは法規定に対し相対的に高度な拘束性を認識しており、この前提のもとでは法規定が国や社会の援助のあり方（社会介入のあり方）の方向性をも規定するものと考えるためである。第二に、これは第一の点と矛盾するものでもあるが、法制度とその運用や援助のあり方との間にずれがあることは広く知られており、これらを区別して研究する必要があるためである。国内外を問わず、児童虐待対応では運用や援助のあり方にかんする研究が盛んであり、これらをもって法制度の改正を求めるものも少なくない。こうした運用や援助のあり方を対象とする研究でも、一部で法制度の改正が提言されるのは、おそらく法制度による高度な拘束性を認識しているからであろう。しかし、運用や援助のあり方を対象とする研究が批判する法制度そのものの評価は、まだ十分に検討されておらず、曖昧なままに残されている。先行研究の限界については第2章で詳述するが、以上の理由から、本研究では法制度に焦点化する。

さて、どのような児童虐待対応法制度の構成が被虐待児の福祉に資するのか、という点を検討するためには、まず制度を「評価」することが必要になる。では、制度の「評価」はどのようにおこなえばよいのか。この問いに答えるために、本研究では以下三つの小課題を設定した。

第一の小課題は、様々な児童虐待対応法制度の特徴を矛盾なく捉える評価指標を構築することである。この課題では、望ましさの判定は含まず、制度の特徴を捉えることにのみ焦点化する。これは、制度の差異と、制度の優劣は別のものであるため、まずは他の法制度との比較のなかで、日本の制度の特徴を把握しようとするものである。

第二の小課題は、被虐待児にとって望ましい児童虐待対応法制度のあり方を、理論と経験的研究の両面から検討することである。特に経験的側面においては、これまで支援者の視点からの発信が多くなされてきた。しかし、当然のことながら、支援者と被虐待児本人とは別の立場に立つ者である。「被虐待児にとって」という場合に、支援者から見える景色と、被虐児から見える景色とは異なるだろう。したがって、本研究では、特に被虐待児の視点から考察する。

第三の小課題は、現行制度の態様である第一の小課題の結果と、被虐待児からみえる望ましい制度の態様である第二の小課題の結果とをふまえた上で、日本の法制度の改正の方向性と、その実現可能性を検討することである。

以上の結果をもって、日本の児童虐待対応法制度にいくらかの提案を試みる。

3　本書の構成と研究方法

本書は、4部から構成される。第1部「児童虐待対応をめぐる評価研究の論点」では、本研究の前提となる制度の変遷と先行研究を整理する。そして、第2部「日本の児童虐待対応法制度の特徴」では、第一の小課題である、日本の現行の児童虐待対応法制度の評価指標の構築と国際比較による制度評価に取り組む。続く第3部「被虐待児にとっての望ましい制度とは」においては、第二の小課題である、被虐待児にとって望ましい児童虐待対応法制度のあり方を検討する。第4部「『望ましい』制度は実現できるのか」は第三の小課題に対応し、第3部で提示される望ましい制度の実現可能性を考える。

各章の内容は以下のとおりである。

まず、第1部「児童虐待対応をめぐる評価研究の論点」の第1章では、日本の児童虐待対応法制度の変遷を概観する。具体的には、厚生白書（一九五六年度から二〇〇〇年度）、厚生労働白書（二〇〇一年度から二〇一六年度）、通知（一九四七年から二〇一六年）、児童虐待防止法（一九三三年法、二〇〇〇年法）および児童福祉法の条文、国会等議事録、立法関係者の記録および先行研究から、法制度としてどのように児童虐待に対応しようとしてきたのかを見る。

第2章では、児童虐待対応制度にかんする先行研究のレビューをおこない、制度の特徴がどのような基準で把握、評価されてきたのかについて整理する。ここでは、必ずしも明確な基準で評価がなされてはこなかったこと、理論的観点からの検討に議論の余地があること、当事者による評価がみられないことが示される。

第2部「日本の児童虐待対応法制度の特徴」の第3章では、第2章の結論を引き受け、児童虐待対応法制度の評価指標を構築する。そして、第4章でこれを日本を含む四ヶ国の児童虐待対応法制度に適用し、日本の制度の特徴を捕捉する。具体的には、各国の法制度を得点化する指標を構築し、fsQCA のキャリブレーションにより各国の得点を〇から一までの値をとるよう標準化して、比較検討する。第4章の結論部では、日本の現行の児童虐待対応法制度が、当事者の主体的参加の保障を低く抑えた、保護的特徴を強く持つ制度であることが示される。

次に、第3部「被虐待児にとっての望ましい制度とは」の第5章では、望ましい制度のあり方について理論的側面から考察をおこなう。具体的には、パターナリズムをめぐる議論から正当化される制度の検討を試みる。本章では、被介入者が被虐待児であっても、その自律的契機が無視されない制度が望ましい制度であることが示される。

同じ第3部の第6章と第7章では、望ましい制度のあり方について経験的側面から考察する。具体的には、被虐待によって児童相談所から介入を受けた経験のある方への半構造化インタビューによって、被虐待児が主観的に望ましいと感じる制度のあり方を明らかにする。まず第7章の前提となる第6章では、被虐待児が、被虐待児としての自分自身を、保護をうけるべき客体として捉えているのか、自律的契機を保障されるべき存在と捉えているのかを明らかにする。第6章の結論部では、自らが置かれている特別な立場が意識されながらも、被虐待児としても、自らを自律的判断のできない保護を受けるだけの存在とは考えていないことが示される。

続く第7章では、被虐待経験者の声から望ましい制度のあり方を具体的に考察する。半構造化インタビューをとおして、被虐待児が児童福祉司に代表される社会から介入を受ける際、どのような介入を肯定的経験として捉え、どのような介入を否定的経験として捉えたかを明らかにする。本章では、被虐待児の表明された意見が無批判に採用されたり、逆に保護的に過ぎる対応は、被虐待児にとって否定的に経験されることが明らかになる。と同時に、被虐待児が能動的に保護の客体となる場合には、これが肯定的に経験されることが示される。本章の結論部では、第5章から本章までの結論を総合し、被虐待児の主体的参加が保障された制度が望ましい制度であると結論づけられる。

第4部「『望ましい』制度は実現できるのか」の第8章では、第3部で得られた結果の実現可能性を検討する。具体的には、日本の児童虐待対応で用いられる児童福祉法および児童虐待防止法にかんする国会および周辺の委員会における議事録を対象に分析し、これらの法律を支える思想を明らかにする。本章では、有識者を含む立法関係者が共通して、子どもを保護の客体としてのみ認識し、特に被虐待児について市民的権利を行使する主体とみていないことが明らかとなる。もって、第3部で得られた、被虐待児の主体的参加が望ましいとする結論の実現は、現状では困難であることが示される。

終章では、第3章から第8章までの結果を整理して、日本の児童虐待対応法制度に若干の提案をおこなう。そして、今後の課題について述べ、論を閉じる。

4　用語の整理

4-1　「児童虐待」

Clarkら（1998=2009）の『詳解子ども虐待事典』では、児童虐待を「子どもに対するマルトリートメント」（Clark 1998=2009:80）としているが、本研究では児童虐待を「社会が不適切であると判断した保護者から子どもへのケア」と定義する。その理由は以下の二点である。第一に、行為者を保護者に限定することについて、本研究の研究対象が日本の児童虐待対応法制度であり、日本の法制度が虐待行為者を保護者のみに限定しているためである。第二に、社会による判断を含める点については、広く知られるとおり、社会が作り出す児童虐待の定義に含まれる保護者の行為は常に変化しており、これは当該社会の児童虐待に対する認識によるものと考えられているためである（例えば、広井 2012）。

4－2 「児童虐待対応」

児童虐待対応とは、児童虐待に社会が対応することであるから、本研究ではこれを「保護者から子どもへのケアに対し、社会が不適切であると判断して介入すること」と定義する。なお、社会とは非常に広い概念であるが、本研究では保護者と被虐待児を当事者として扱い、その他の者全てを社会とみなす。

■注

1 明治以降の日本において、児童虐待対応の始まりは原胤明の児童虐待防止事業だとされる（炭谷・齋藤 1994: 18; 田中 2008: 104）。詳細は後章にゆずるが、原は当初、犯罪者の育ちに被虐待があることを発見し、社会防衛の観点から虐待対応の必要性を感じていた。その後におきた折檻事件の際の被害児救済が、同事業を始める直接の契機となった（原 1909: 69-70）。また、アメリカにおいては植民地時代に社会防衛的側面から介入が始まったが（McMullen 1992: 573-4）、一八七四年の Mary Ellen 事件以降に被虐待児の保護救済の側面から介入がおこなわれるようになった（Tne New York Times, April 10, 1874）．同様のことは、スウェーデンにおいてもみられる（Olsson Hort 1997: 108）。

2　例えば、生命や衣食住など。

3　例えば、愛着関係や適応など。

第1章

日本の児童虐待対応法制度の変遷

1　本章の目的

本章では、日本における児童虐待対応法制度がどのように創設され、改正されてきたのかを概観する。なお、児童虐待対応法制度の変遷は大きく三つの時期に区分することができ、本研究の主たる関心は最後期の第三期にあるが、本章ではその土台となる第一期・第二期を含め、児童虐待対応が法律として初めて制定された明治以降の変遷を追う。

2　第一期　明治期から一九四五年まで――一九三三年「児童虐待防止法」の制定

2-1　児童虐待対応の萌芽

明治以降の日本において、児童虐待に初めて事業として対応したのは原胤明だとされる（炭谷・齋藤 1994: 18; 田中 2008: 104）。原は東京出獄人保護所主管の任にあり、出獄人保護の中で犯罪者の過去に被虐待経験があることに気づく（原 1909: 69）。原は、被虐待児への対応の必要性を以下のように述べる。

> 出獄人保護事業は、犯罪人を減少、否な犯罪を撲滅したいのが主眼であるから、私が年来之を主管した経験は、犯罪人の卵子、犯罪の子種である被虐待児童を救護し加害を防止する事業を必要と認め、所謂事前の慈善は、茲に在ると思って居りました（ibid: 69）。

原は、自らの立場をふまえ、「犯罪人を減少、否な犯罪を撲滅」するために、「被虐待児童を救護」する必要があるといい、社会防衛の観点から虐待対応の必要性を主張した。

原が児童虐待防止事業を始めるきっかけとなったのは、一九〇九年六月に報道された折檻事件である（ibid: 70）。この事件は、一人の実子に対し、他の子と差別して扱い、食べ物を与えなかったり、焼火箸を押しつけて火傷を負わせるなどの行為を繰り返していた夫婦宅に警察が踏みこんだ、というものである[1]。原は報道を受けてすぐに事件宅を訪れ、夫婦と話をしたのち、被虐待児を自ら引き取り保護した[2]。

原は、児童虐待が近隣の噂にはなっても通報になかなか至らず、また、警察は加害行為が進んでからではないと介入しない現状から、被虐待児に救済の道がなかなか開かれないことを指摘した。そして、この児童虐待防止事業をおこなうことで通報先のあることが広く世間に知られるようになれば、より早期での被虐待児保護と、虐待者の犯罪予防が可能になると主張した（ibid: 76）。しかし、原がこれに専念することはできず、事業は一年余りで活動を停止した（原 1922: 72）。

次に児童虐待防止事業を引き継いだのは、山室軍平である。一九二一年におきた「はっちゃん事件」[3]をきっかけに、山室は児童虐待対応を救世軍としておこなう必要性を感じ、動き始めた（山室 1922: 67）。時を同じくして、この少女を救えなかったことを悔いた原が山室に児童虐待対応の相談を持ちかけ、山室は同年、救世軍に「児童虐待防止部」を設置する（ibid: 67; 原 1922: 73）。ところが、翌一九二三年に関東大震災が発生し、山室の児童虐待防止活動も停止状態となった（上野 2006: 247）。

2-2　法制定への動き

同じ頃、国においても児童虐待対応の必要性に注目が集まっていた。当時の内務省は、クリスチャンで社会事業家であった生江孝之らに嘱託し、欧米の児童虐待対応にかんする研究を蓄積していた[4]。そして、一九一八年に内務大臣の諮問機関として救済事業調査委員会（一九二一年に社会事業調査会へ改名）が設置されることになり[5]、同委員会で具体的な対策が考えられ始める。同委員会は、設置翌年の一九一九年に「児童保護ニ関スル施設要綱」を決議し、ここで児童虐待対応法制度を確立する必要性を指摘した（田中 2008: 107）。三年後の一九二二年にも、内務省社会局が「被虐待児保護」と題した文書のなかで被虐待児への対応の必要性を述べ、生江らも法制度の必要性を主張した。しかし、その後、少しずつ風向きが変わっていく。

一九二五年の第七回社会事業大会において「児童保護法制定に関する建」が発表され、児童扶助の法制度の必要性が主張された。ここで、要保護児童という概念を媒介に、対応を要する児童が被虐待児から貧困児童へとスライドしたのである。そして、翌一九二六年に開かれた社会事業調査会の第一回特別委員会では、内務省社会局から「児童扶助法案要綱」が提出され、貧困児童への扶助を目的とする法制度確立の必要性が確認された[6]。このような状況で、児童虐待への対応に熱心であったキーマンの退官等が重なり、児童保護を目的とした法案の提出は挫折した[7]。

被虐待児の救済を目的とした法律制定の機運が再び高まったのは、一九二九年にアメリカから始まった世界恐慌の影響が日本にも及び始めてからである。日本でも、貰い子殺し、児童売買、大規模な児童虐待事件などが相次ぎ、これらの背景の一つとして不況が指摘された（第六四回帝国議会貴族院本会議会議録第二七号 1933: 332）。一九三三年三月一〇日に児童虐待防止法（以下、一九三三年虐防法という）が帝国議会貴族院で提案された際、政府委員として登壇した衆議院議員の齋藤隆夫は、法案提出の趣旨を以下のように述べた[8]。すなわち、現在の日本の状況をみれば児童虐待事件が世間の耳目を聳動させている。不適当な児童労働を含め、これらの児童虐待事件がいずれも、児童の健康を害し、性能の発達を妨げることはもちろん、国家の将来に贖い難い損失をあたえつつあることは想像に難くない。しかし、これらの行為に対しては、民法の親権喪失や刑法の傷害事件で若干の制裁規定があるにとどまり、被虐待児の保護救済やその後の養護環境の確保、および虐待予防にかんして何らの手立てもなされていなかった。そこで、ここに挙げた被虐待児の保護救済等と虐待予防の点を規定した一九三三年虐防法を提案する、ということである（ibid: 332)。そして、この提案に帝国議会では賛成の声が相次ぎ[9]、同年に一九三三年虐防法は成立した。

2-3　一九三三年児童虐待防止法とは

一九三三年虐防法[10]は、以下の内容で構成されている。まず、対象児童は一四歳未満の者（第一条）である。また、対象行為は、児童を保護すべき責任ある者による虐待又は著しくその監護を怠り[11]、よって刑罰法令に触れ又は触れる虞れのある場合[12]（第二条）と、芸の披露や物品販売等の業務や行為が虐待であったり虐待を誘発するおそれのある場合（第七条）である。そして、処分については、監護にかかわる第二条違反の場合は、保護者への訓戒、条件を付しての児童の監護、分離措置の三つであり（第二条）、児童労働にかかわる第七条違反の場合は、一年以下の懲役または一〇〇円以下の罰金であった（第一〇条）。いずれの場合も、処分の決定権限は地方長官に与えられていた（第二条、三条、七条、八条）。そして、この処分の決定のため、地方長官には調査権限も付与され（第八条)、正当な理由なくこれを拒否あるいは妨害したり、答弁を拒否または虚偽の答弁をする、また、児童本人に答弁をさせなかったり虚偽の答弁をさせた場合には、五百円以下の罰金が科された(第一一条)。なお、不服のある者は主務大臣に訴願することができた(第九条)。

こうして児童虐待対応法制度は整備されたが、戦争が続くなかで、保護者を亡くしたり、保護者の動員により放置されるなどして非行児が増加すると、児童政策は非行児対応に追われるようになっていった(田中 2010: 65)。

3 第二期 一九四五年から一九九〇年代半ばまで
――「児童福祉法」による対応

3-1 法制度の再編

第二次世界大戦後、日本ではGHQによる福祉行政の再編がおこなわれた。一九四七年には全ての児童を対象とする児童福祉法(以下、児福法という)が制定され、一九三三年虐防法は廃止された(一九四六年三月三一日付発児第二〇号厚生事務次官通達)。しかしながら、その条文の多くは児福法にほぼそのまま引き継がれた[13]。

児福法では、対象児童は一八歳未満とされた。そして、児童虐待対応の対象行為として保護者の監護態様を規定した一九三三年虐防法の第二条は、児福法第二八条にほぼそのまま引き継がれた。また、対象行為のもう一方である児童労働にかんする第七条は、児福法の第三四条の一部として引き継がれた。

また、児福法では、「虐待」の文言のほか、「保護者に監護させることが不適当であると認める」と表現された行為の規定が新たに設けられた（第二五条）。一九三三年虐防法の三つの処分（訓戒、条件の付与、分離）は、この行為に対する措置として規定されることになった（第二七条）。

さらに、必要に応じておこなわれる被虐待児への聴取を規定した一九三三年虐防法の第一一条は、児福法の第六二条にほぼそのまま引き継がれた。これを保護者らが妨げた場合の罰則は、児童相談所職員の守秘義務違反より重く規定された[14]。なお、措置決定の権限は、一九三三年虐防法と変わらず都道府県知事に与えられたが、児福法三三条で、その権限の一部または全部を新たに創設された児童相談所長に委任することができると規定された。

児童虐待対応として特に変化があったのは、通告先が明記されたことである。児福法第二五条で、「保護者に監護させることが不適当であると認める児童を発見した者は、これを児童相談所又はその職員に通告しなければならない」とされた。無論これは児福法を根拠として児童相談所が創設されたことによるものだが、明治期に原胤明が主張した通告先確保の必要性が、ここにようやく結実した。

3-2　児童虐待対応関連規定の変遷

一九四五年から一九九〇年代半ばまでの約五〇年間で、児福法の児童虐待関連規定で改正があったのは、一九六一年改正時の一回のみである。また、改正内容も、第二八条で規定された保護者の行為態様について、「刑罰法令に触れ、又は触れる虞れのある」との部分を「著しく当該児童の福祉を害する」と修正するのみであった。ただ、この改正で、行政介入の動機となる行為が、刑事罰を基準としたものから、児童の福祉の侵害という曖昧さの残る基準へ改正されたことは注目に値する。なぜなら、このように改正されたことで、われわれは児童の福祉の侵害とは何か、行政介入が許容される具体的な基準とは何かを考えねばならなくなったからである。

それでは、なぜ約五〇年の間、児童虐待対応に関連する項目の改正が一度しかなかったのか。

Tatara（1975=1997）によれば、終戦直後に児童福祉再編のリーダーシップをとったのは国際連合（以下、国連という）社会活動部から派遣されたAlice Kenyon Carrollで、体系立った児童相談所（以下、児相という）の設立を目指し、総合的に児童福祉に対応しようと計画していた[15]（Tatara=1997:135）。しかし、終戦直後には戦災孤児をはじめ、少年院等の施設から逃げ出した子どもなど保護者のいない子どもがあふれていたため、児相の体制を確立するよりも、子どもを保護し、家族を探し出すことが優先された（一九四九年五月一四日付発児第四五号通知）。

このような児童を定位家族のもとへ帰すことが児童福祉政策の中心となる状況は、一九五〇年頃まで続いた。児童虐待についても、経済的理由から親が子どもを手放さざるを得ず、その結果委託先で虐待や人身売買にあってしまうという状況が多く報告されたことから、政府は、親へ経済的支援をしながら子を親元へ帰す、という対応をとった（一九四九年六月一五日付発児第七〇号通達）。

しかし、一九五〇年代も半ばを過ぎる頃には、児童福祉政策の対象として、要保護児童だけではなく一般児童も射程とする旨が厚生白書で述べられるようになる（厚生白書 1957: 229）。要保護児童として捉えられてきた被虐待児、保護者のない子ども、貧困家庭の子ども、非行少年、障害児は、「それぞれの特殊な条件に応じた施設に入所させ保護する」（厚生白書 1956: 220）との施設収容政策の下で、徐々に制度的、政策的関心から遠ざけられていった。このことは、一九六一年度以降、厚生白書から「被虐待児」の文言が消え、これにかんする記述がみられなくなったことからも裏づけられる。

4　第三期前夜　一九九〇年代半ばから二〇〇〇年まで
——二〇〇〇年「児童虐待防止法」の制定

4-1　児童虐待対応への再注目

一九六〇年代から三〇年余り、児童虐待は法制度・政策的関心から遠ざかっていたが、一九九六年四月一日から実施された「児童虐待ケースマネジメントモデル事業」で、再度国によってイニシアチブがとられるようになる。本事業は、「児童虐待にかかる事例について、児相を中心とした関係機関のネットワーク作りと問題の解決」を目的とし、都道府県を実施主体として点検・評価までを含めた事業であった（一九九六年五月一五日付児発第五一六号通知）。

なぜ三〇余年振りに児童虐待対応が動き出したのか。この事業が企画された背景として、石川（2000）は以下の二点を指摘する。第一に、全国児童相談所長会が一九八九年に発表した児童虐待受付件数に大きな反響があり、一九九〇年から厚生省（当時）が児童虐待関連の統計を取り始めたこと、そして、第二に、一九九〇年に大阪で始められたのを端緒として全国に広まった、児童虐待対応を目的とする民間団体の設立である（石川 2000: 4）。これら二つの指摘に加えて、当該事業が企画された背景には、一九八九年に国連で締結され、一九九四年に日本が批准した児童の権利に関する条約（以下、権利条約という）の存在もあげられるだろう[16]。権利条約には、締約国の児童虐待への対応（第一九条）と、条約の遂行状況にかんする定期的な報告（第四四条第一項）の義務づけがある。日本は当該事業の開始と同じ年・同じ月の一九九六年五月三〇日に第一回報告をおこない、ここで本事業を報告しているのである（外務省 1996）。

さて、同じ一九九六年に厚生省は『子ども虐待対応の手引き』を初めて作成すると、翌一九九七年には警察庁と協議して児童虐待への対応方針をまとめた通知「児童虐待等に関する児童福祉法の適切な運用について」（一九九七年六月二〇日付児発第四三四号通知）を出した。本通知では、児相に対して児福法の解釈を示し、分離や立入り、親権喪失の申立てといった対応も必要に応じ積極的におこなうよう指示を出している。従来、児相は親との友好関係を前提としたソーシャル・ワークを展開してきたが（津崎 2004: 7）、ここで、強権的介入の必要性も主張されるようになったのである。同様の指示は翌一九九八年の通知「児童虐待に関し緊急に対応すべき事項について」（一九九八年三月三一日付児企第一三号通知）でも出され、一九九八年の通知では、死亡事件を防止する目的で、立入りや分離といった積極的対応と、夜間・休日体制の早急な整備が求められた。

さらに、児童虐待と関係をもつ機関の拡充も図られた。一九九八年には市町村も児童虐待の通報窓口となるよう、指示が出された（一九九八年五月一八日付児発三九七号通知）。

4-2 児童福祉法の改正

一九九〇年代半ばから二〇〇〇年までの間、通知レベルでは一九九六年から一九九八年まで毎年指示が出されていたものの、法律レベルでの大幅な改正はみられない。児童虐待対応関連で改正があったのは、一九九七年の児童福祉法改正で加えられた三点である。一点目は、児相が何らかの対応をとる場合に都道府県知事に報告する義務を規定した第二六条第二項で、報告内容に「同号に規定する措置についての当該児童及びその保護者の意向」が加えられたことである。また、二点目は、児相と保護者の意見に相違があった場合の、児童相談所の諮問機関として児童福祉審議会の設置が新たに第八条に規定されたことである。そして三点目は、児童虐待に対応する機関の拡充である。児福法第四四条の二で、新たな児童福祉機関として児童家庭支援センターを規定し、軽微な虐待へ対応するよう定めた。

権利条約への批准などを背景に慌ただしく開始された児童虐待対応へのテコ入れであったが、厚生省は一九九七年の通知において、当時の児福法の規定で十分対応が可能であるとの見解を示している（一九九七年六月二〇日付児発第四三四号通知）。では、なぜ法制度の改正が進められなかったのか。その背景について、当時国会の青少年問題に関する特別委員会で委員長を務めていた石田勝之は、児福法を改正して児童虐待に対応するとした場合、厚生省職員の負担が大きく、これを避けようとしていた状況のあったことを報告している（石田 2005: 116）。

4-3　二〇〇〇年児童虐待防止法の制定

さて、一九九七年以降も児童虐待への対応は当時の児福法で足りるとしていた厚生省であったが、それから三年後の二〇〇〇年に突如として児童虐待の防止等に関する法律（以下、虐防法）が制定される。前出の石田（2005）によれば、これは、政党間の政治と、国会議員と厚生省の利害の一致による産物であった。

石田によると、一九九八年七月の参議院選挙で過半数を割った自民党から連立を持ちかけられた公明党が、政策協力の見返りとして青少年健全育成の特別委員会の設置とその委員長ポストを要求したという。『瓢箪から駒』でできた特別委員会だから、とにかくなんらかの成果をあげなければいけない」（ibid: 34）とのことから、新法制定の提案があり、参考人質疑がおこなわれる中で、委員の児童虐待問題への関心が高まっていった。一方、厚生省内部では、児童虐待に対する世論の高まりを背景に[17]、児福法の改正より、新たな法律を制定するほうが厚生省の負担が小さいと見積もられるようになった。こうして、国会議員と厚生省の足並みが揃うこととなり、虐防法は国会に提出されることになった（ibid: 25-156）。

二〇〇〇年五月一一日に法案が提出され、衆議院と参議院で各二回審議された。そして、六日後の二〇〇〇年五月一七日に虐防法は成立した。虐防法の制定により、日本の児童虐待対応は本法と児福法の二法を両輪としておこなわれることとなった。

4-4　二〇〇〇年児童虐待防止法とは

虐防法の趣旨について、当時の衆議院青少年問題に関する特別委員会委員長の富田茂之（公明党）は、以下のように述べている。

近年、我が国においては、親など保護者による児童虐待事件が多発し、児童の心身の成長及び人格の形成に重大な影響を与えるなど深刻な社会問題となっております。

本案は、本問題の早期解決の緊急性にかんがみ、児童に対する虐待の禁止、児童虐待の防止に関する国及び地方公共団体の責務、児童虐待を受けた児童の保護のための措置等を定め、児童虐待の防止等に関する施策の促進を図ろうとするものであります。（第一四七回国会衆議院本会議会議録第三三号 2000）

児童虐待が「児童の心身の成長及び人格の形成に重大な影響を与える」ものであるために、その防止や児童の保護をおこなうとの趣旨からは、虐防法が子どもの福祉の向上を目的としたものであることがわかる。

虐防法の概要は以下のとおりである。はじめに、児童虐待の定義として四つの行為態様が明文化され（第二条）、その禁止が明記された（第三条）。児童虐待の定義とは、保護者から一八歳未満の者に対しておこなわれる、身体的虐待、性的虐待、ネグレクト、心理的虐待である。また、児童虐待の禁止は、一九三三年虐防法と児福法には規定されなかったものである。

次に、児童虐待の予防、発見、初期介入が具体的に規定された（第四条から第八条）。一九三三年虐防法がほぼそのまま残された児福法においても、指導・分離等の措置（児福第二七条）や強制分離（児福第二八条）は規定されていたが、予防の具体的な内容（虐防第四条三項・四項）は新たに加えられた点である。また、発見の点について、通告義務は児福法に規定されてはいたが（児福第二五条）、二〇〇〇年の虐防法では、これが守秘義務違反にならないことが明記された（虐防第六条二項）。

さらに、二〇〇〇年の虐防法では、強権的介入にかんする規定が置かれた（第九条、第一〇条、第一二条、第一五条）。具体的には、児相に立入り調査の権限を与え（第九条）[18]、これに警察官が同行協力をするよう定めた（第一〇条）。また、児相には、保護者に対する面会・通信制限の権限も付与され（第一二条）、親権喪失制度を活用することも明文化された（第一五条）。

なお、虐防法には、被介入者である子どもと保護者の異議申し立てにかんする権利の規定はない。この点については、児福法に不服申立ての規定があるため（児福法第五九条の四第二項・三項）、これを利用すれば足りるともいえる。しかし、本法の二〇〇四年改正では、この行政不服審査法による審査請求の一部に、制限が設けられることになる。

5　第三期　二〇〇〇年から現在まで

――児童虐待防止法と児童福祉法による対応

虐防法の制定以降、児童虐待対応は、児福法と虐防法の二輪体制でおこなわれることとなった。そして、毎年増加する児相の児童虐待受付・対応件数を目の当たりにして[19]、児童虐待対応にかんする児童福祉政策はめまぐるしく展開する。

5-1　二〇〇四年の児童福祉法と児童虐待防止法の改正

二〇〇四年に、児福法の児童虐待対応にかんする規定および虐防法が改正された。

二〇〇〇年以降、通知レベルでは多職種連携の強化が常に指示されており[20]、二〇〇二年には発生予防と早期発見のための地域ネットワーク作りが指示されていた（二〇〇二年六月一九日付健発第六一九〇〇一号／雇児発第六一九〇〇一号通知）。二〇〇四年の児福法改正では、これを要保護児童対策地域協議会と命名し、法定化した[21]（第二五条の二から第二五の五）。この他、児福法においては、保護者の意思に反した分離措置に対する二年間の期限が初めて規定された（第二八条二項）。なお、この期限を延長する必要がある場合には家庭裁判所（以下、家裁という）の判断を仰ぐ必要があるが、家裁が却下しても分離継続が必要であると都道府県が判断する場合には措置が継続できる規定も同時に設けられた（第二八条三項）。この保護者の同意を得ない分離措置に期限を設けた背景には、保護者との対立関係に悩む支援者が、期限を提示することで保護者の心理的なハードルが下がり、介入がスムーズになるのではないかと考えたことがある（厚生労働省 2003）。そのため、本条のような規定は本来保護者の養育する権利を保障するものであるが、本条の場合は、それと同時に介入を容易にする心理的アプローチの意図をも持っているといえる[22]。

虐防法においても、多職種連携と対保護者にかんする規定の改正がおこなわれた。まず、児童の安全確保の観点から、児相の警察への援助要請の義務が新たに加えられ（第一〇条二項）、対応内容に自立支援や親子再統合が含まれるようになったことで、その達成のための関係機関・組織の連携強化も盛り込まれた（第四条）。この他、保護者の同意に基づく分離措置の場合にも面会・通信制限が可能とされた（第一二条の二）。これは被介入者たる保護者の自由の制限を可能にするものであり、介入者である児相の裁量に制限をかける児福法の第二八条二項の改正内容とは様相を異にする（しかしながら、前述の児福法第二八条三項の内容とは同じ方向性を共有する）。なお、二〇〇四年の改正時には、児童虐待の定義に虐待が子どもの「人権」を著しく損ねるものと明記され[23]、対象行為[24]や対象児童[25]の定義も改められた（第一条および第二条三項、第六条一項）。

5-2　二〇〇七年の児童虐待防止法の改正と二〇〇八年の児童福祉法の改正

二〇〇四年の両法改正の後、特に通知レベルで進められたのは警察との連携である（二〇〇六年九月二六日付雇児総発第九二六〇〇一号通知）。二〇〇七年の虐防法改正はこの流れを汲んでいる。

二〇〇七年の改正では、児相に立入り調査や臨検・捜索の権限が与えられ（第八条の二および第九条の三から九）、このとき強制的に開錠できることも定められた（第九条の七）。同時に、保護者に対しては、この臨検・捜索の処分について不服申立や行政訴訟をおこすことができない旨規定された（第一〇条の五、六）。また、保護者のつきまといの禁止[26]、および必要に応じ子どもの居所を保護者に秘匿することも可能とされた（第一二条の四および第一二条三項）。

このように行政の権限が拡大されるなか、親権にかんしても、この行使の際には「できる限り児童の利益を尊重するよう努めなければならない」と、一歩踏み込んだ規定が虐防法に盛り込まれた（第四条六項）。そして、子どもの利益が尊重された養育がなされているかを確認し、必要に応じて支援をおこなう訪問事業が、二〇〇八年の児福法改正で法定化された[27]（第六条）。

こうした保護者の養育する権利に対する制約は、以降におこなわれた児福法の改正にも続く。

5-3　二〇一一年の児童福祉法改正

二〇〇八年以降、通知レベルでは小児救急および臓器提供施設における児童虐待対応が進められていたが、二〇〇〇年以降増え続ける被虐待による社会的養護児童への対応について、実践家らから声があがり始めていた。二〇一一年の児福法改正では、児童福祉施設の施設長、里親およびファミリーホームの養育者の監護教育・懲戒の権限が規定され、保護者がこれを不当に妨げてはならないとされた（第三三条の二、第四七条）。そして、もし説明をつくしても保護者が不当に介入する場合には、虐防法に規定されている接近禁止命令等で対応することとされた（二〇一二年三月九日付雇児総発第三〇九〇〇一号通知）。

5-4 二〇一六年の児童福祉法改正

さて、児相の児童虐待受付・対応件数は、二〇一二年以降も変わらず伸び続けていた。二〇一二年には職員配置の見直しも指示されたが（二〇一二年七月二六日付雇児総発第七二六〇〇一号通知）、児相の多忙さは解消されなかった。そこで、二〇一六年の児福法改正では、市町村が児童虐待対応の一機関として法律上に明記され（第二五条の六および七）、対応の中心となる機関が拡大された。市町村は、二〇〇〇年当初より重視されてきた発生予防と早期発見をベースに、子どもの身近で継続的かつ切れ目ない支援をおこなうよう規定された（第一〇条から第一一条）。

一方、二〇一六年の児福法改正には、これまでにない流れもある。まず、児福法で初めて「権利」という文言が明記された（第一条）。これまでの児福法では、第一条の理念規定は「すべて国民は、児童が心身ともに健やかに生まれ、且つ、育成されるよう努めなければならない」とされていた。これが、「全て児童は」から始まり、「権利を有する」と改められたのである。また、都道府県児童福祉審議会で当事者の意見を聞くことができることも、新たに規定された（第八条六項）。これまでの法改正は支援者の介入についてのものであったが、これらの改正は被介入者の主体的なかかわりにかんするものである。このような流れが起きた背景には、法案提出前夜の二〇一六年二月におきた神奈川県相模原市の男子中学生自殺事件があるものと考えられる[28]。

二〇一六年の児福法改正では、この他にも児童相談所職員が受ける研修の強化などが規定され、全体的に児童虐待対応を念頭においた改正がなされた。このような児福法の改正は、制定以来初めてであった。

5-5　二〇二二年改正・二〇二四年四月施行の児童福祉法

二〇二四年四月、児福法は大幅な改正を迎える。改正前の現時点でおさえられる内容は限られているが、児童虐待対応に関連する改正は以下の三点ある。第一に、措置をおこなう際の子どもの意見聴取の体制整備、第二に、保護者の同意のない一時保護における司法審査の導入（事前または保護開始後七日以内に一時保護状を請求する等）、第三に、子どもを性犯罪から守るための保育士資格の厳格化等である（こども家庭庁 2023）。特に前二点は、二〇〇〇年代に多く見られた当事者（保護者・子ども）の権利制限とは異なり、当事者の権利を保障しようとするものである。

6　小括

以上、明治以降の児童虐待対応法制度とこれに関連する児童福祉政策の動向を概観してきた。児童虐待対応の目的は、対応開始当初には社会防衛の側面があったものの、同時に子どもの生命や発達の保護・保障にもおかれ、法制度の目的としては、後者の面が明治期から現在まで引き継がれてきた。

そして、この目的のもとで、一九三三年虐防法、児福法、および二〇〇〇年の虐防法で、児童虐待に対する行政介入の範囲を定めてきた。その介入基準や権限は、限定されたものから、緩やかな基準、そして強力な権限へと、また介入者も児相のみから他機関を含む広範なものへと、改正されてきた。具体的には、一九三三年虐防法では刑事法令に抵触するほどの虐待行為が行政介入の基準とされていたが、一九六一年の児福法改正以降、刑事法令に抵触するか否かは問題にならなくなった。代わりに行政介入の基準となったのは、子どもの福祉の侵害である。また、二〇〇〇年以降は、臨検や捜索、立ち入りといった権限が児童相談所に付与され、必要に応じ開錠もできるようになった。これらの対応は行政不服申立の対象から外され、さらに分離措置の延長に家裁が不適当と判断しても、都道府県知事（実質、児童相談所長）の判断で延長が可能となった。加えて、他職種との連携が進められることにより、児童福祉の行政機関以外の機関・専門職の介入もおこなわれるようになった。このことは、介入者の広がりともいえる。

行政の介入権限が強化されるということは、裏を返せば介入をうける保護者や子どもの自由がより制限されるということである。この点については、一九三三年虐防法から児福法にかけて、不服申立ての権利が規定されている。また、二〇〇〇年以降には、児童相談所の諮問機関である都道府県児童福祉審議会が、その判断のために、当事者である子どもや保護者から直接話を聞くことができる旨も規定された。さらに、保護者の意に反する分離措置には二年の期限が設けられるようになり、その更新にあたっては家裁の承認が必要となった。しかし、これについては前述のとおり、都道府県知事の判断で最終的には延長が可能との条文も加えられている。

被虐待児についていえば、虐待が被虐待児の人権を侵害するものであること、また、子どもは権利をもつ存在であるとの位置づけが、二〇〇四年および二〇一六年以降各法律で明文化された。一方で、子どもの福祉を向上させるための措置に子ども本人が関与する権利にかんしては、二〇二四年四月施行の改正児福法まで、あまり積極的な規定が盛り込まれることはなかった。具体的には、児童相談所の報告書に意向が記載されることと、必要に応じて都道府県児童福祉審議会から意見が聞かれること、そして、表明された意見は尊重されることが規定されたのみである[29]。なお、不服申立てについて、厚生省（当時）は一八歳未満でも行政不服審査法が利用できるとの見解を示すが（第一四〇回国会衆議院厚生委員会会議録第三〇号 1997）、当該法律の存在にかんする子どもへの情報提供の義務すらないなかで、子どもがこれを利用することは現実的ではない。

では、このように構成されてきた児童虐待対応法制度は、どのように評価され、どのように改正される必要があるといわれてきたのだろうか。

■注

1 事件の詳細は、原（1909）または一九〇九年六月二二日付の読売新聞三面「実子を火責にする鬼夫婦」を参照されたい。

2　訪問当時、当該児童は全裸で傷や痣だらけであり、臀部は大便にまみれていたという。原はこの夫婦を「鬼夫婦」と呼び、保護した子どもについては「以来私の手元で育養して居りますが至つて機嫌克く育つて参ります」（原 1909: 71-2）と報告しており、原自身は子どもの福祉の向上も念頭において当該保護をおこなったようにもみえる。原はこのあとも被虐待児の保護をおこない、計八四人を救出した（原 1922: 73）。なお、保護した子どもは「孤児院等に托して育養して貰ふ」（原 1909: 72）こととなっていた。

3　「はっちゃん事件」とは、浅草に住むお初という一〇歳の女児が、養親の度重なる身体的虐待により死亡し、バラバラ遺体として発見された事件である。なお、詳細は、読売新聞、一九二二年七月二八日から同年一二月二六日を参照のこと。

4　この研究内容は、生江孝之（1909, 1923）や窪田静太郎（1909）などでみることができる。

5　田中（2008）によれば、一九〇九年の折檻事件をはじめとする児童虐待や母子心中の報道を受け、子どもの保護を求める世論の高まりも同委員会の後押しとなったという（田中 2008: 107）。前述の「はっちゃん事件」は、国が動き出してから起きた事件ではあるが、事件後には「お初の唄」が作られたり、供養のための地蔵が建立されたりするなどされており（読売新聞一九二二年七月三〇日四面；読売新聞一九二二年八月二一日四面）、当時、児童虐待に一定の世論の注目があったことがうかがえる。

6　一連の流れは、田中（2008）に詳しい。

7　寺脇（1996a）によれば、児童保護法制定の挫折に最も強い影響を及ぼしたのは、以下の二点だと考えられるという。第一に、保護対象を貧困児童としたため、附随して母親も保護対象となり、「母親には労働力がある」とされたこと、第二に、「『高齢者の救済を後にする』ことへの問題視」（寺脇 1996a: 46）である。こうした意見が出るなかで、田中（2008）によれば、「先陣を切っていた〔内務省社会〕局長の守屋〔栄夫〕の退官、閣議決定に持ち込めないまま衆議院解散となったこと、社会政策に積極的予算を取った原内閣から緊縮予算を取った高橋内閣へ交代してしまった」（ibid: 107、〔　〕内引用者加筆）ことなどがおき、児童を対象とした特別法ではなく、要支援者一般を対象とした「救護法」に吸収されることになった。この一連の過程については、寺脇（1996a, b）および田中（2008）に詳しい。

8　当日、内務大臣が病欠し、齋藤隆夫が法案の趣旨を代読した（第六四回帝国議会貴族院本会議会議録第二七号 1933: 332）。

9　詳細は、第六四回帝国議会の衆議院本会議会議録第二五号、二八号と衆議院少年教護法案委員会会議録第一六号から一八号、および第六四回帝国議会貴族院本会議会議録第二七号、三〇号と貴族院児童虐待防止法案特別委員会会議録第一号から二号を参照のこと。

10　一九三三年虐防法の法令全文は資料1を参照のこと。

11　法律の対象行為には、身体的虐待のみならず、心理的虐待とネグレクトも含まれている点は注目に値する。なお、心理的虐待は当時精神的な虐待と呼ばれ、条文には明記されていないものの、帝国議会ではこれが虐待に含まれるものとして何度も言及されている（例えば、第六四回帝国議会貴族院児童虐待防止法案特別委員会議会議録第一号 1933: 2）。また、ネグレクトについては、条文では「監護を怠り」との表現になっている（第二条）。「監護を怠り」に該当する行為は、本法がこれまでの児童虐待事件を背景にしていることを鑑みれば、排泄の世話をしないなど積極的に養育を放棄している状態を指しているものと考えられる。帝国議会での質疑応答ではさらに、きょうだいらが加えた虐待行為を親権者が看過する場合も、「監護を怠り」の規定に含まれる旨が確認されている（第六四回帝国議会貴族院児童虐待防止法案特別委員会議会議録第二号 1933: 1）。このような虐待行為を看過することがネグレクトにあたるとの点は、二〇〇〇年に新たに制定された児童虐待の防止等に関する法律の二〇〇四年改正時に明文化された。当時の帝国議会においては、更に、昼夜問わず勉強を強いられる「小学校入学の受験地獄」も虐待の一つであるとの答弁もあり、近年特に児童虐待の一類型として市民権を得つつある教育的虐待への言及もみられる（第六四回帝国議会貴族院児童虐待防止法案特別委員会会議録第一号 1933: 9）。

12 帝国議会では、子どもの保護を目的とする法律であるのだから、刑事罰にふれるか否かの基準は不要ではないかとの疑義も示されている。これに対し、丹羽七郎社会局長官（当時）は、本法の核心は分離措置をとることを可能にした点であり、親権に制限をかけるということにはこれくらいの強い基準が必要とされると考えると回答している（第六四回帝国議会衆議院少年教護法案委員会議会議録第一七号 1933: 5-6）。

13 児福法に吸収される形で廃止となった法律は、一九三三年虐防法のほか、少年教護法があった（一九四六年三月三一日付発児第二〇号通達）。

14 児童相談所職員の守秘義務違反は六ヵ月以下の懲役又は三〇〇〇円以下の罰金（第六一条）であったのに対し、児童の意見表明を妨げた場合には五〇〇〇円以下の罰金（第六二条）と規定されていた。

15 児童相談所については、以下の三つの機能を備えた機関を目指していたという。児童の措置をおこなう相談部、一時保護ホーム、精神科医・心理学者・精神科ソーシャルワーカーによる診断指導部である（Tatara=1997: 135）。

16 なお、日本が署名したのは一九九一年である。

17 石田（2005）によれば、この世論の高まりには、児童虐待対応推進派による報道機関の利用が影響しているという（石田 2005: 115）。

18 第九条の立ち入り調査の権限については、一九三三年虐防法から児福法を経て引き継がれた条文である。

19 広く知られるように、児相の児童虐待受付・対応件数の増加の背景には、児相のカウントの仕方の変化や、一般国民の認識の広がりによる通告数の増大があるとの指摘もあり、児相の把握する件数がすなわち児童虐待事件そのものの増加でないことはいうまでもない。とはいえ、二〇〇〇年以降の児童虐待対応政策の急激な加速は、児相の受付・対応件数の急激な増加と並行して起きており、児相の把握する件数の増加が、何らかの手を講じなければならないとの刺激を与えたと考えられる。

20 二〇〇一年に民生委員、二〇〇二年に保健師、二〇〇三年に生活保護課、二〇〇四年には学校や保育所に連携協力が求められている。

21 同協議会を新たに設置する目的として、伍藤忠春児家局長（当時）は以下の二点をあげている。第一に、それぞれの市町村で既に始められている異職種間連携ネットワークについて、これを法定化することで位置づけを明確化すること、第二に、行政機関、医療機関等の守秘義務を負う機関同士が躊躇なく情報共有できる場を確保することである（第一五九回国会衆議院厚生労働委員会会議録第五号 2004: 4）。

22 児童虐待対応領域では、保護者にいかに指示に従ってもらうか、ということが常に課題としてあげられる。これを解決する術として、二〇〇〇年以降強く求められてきたのが家裁の介入である。本条も、社会保障審議会児童部会での議論においては、当初、児相の措置に保護者を従わせる強制力を求めて、家裁の介入を要請していた。一般に、司法の役割は行政の活動にかんする適否の判断であり、行政の活動の正当化ではない。しかし、二〇〇四年改正時も、そしてその後の二〇一六年改正時にも、児相の措置に「お墨付き」を与える役割を家裁に求める声はあり、支援者の苦しい立場が垣間見える。

23 児福法を含め、各法で子どもを人権の享有主体と明記されることはこれまでになく、虐防法でこれが明記されたことは注目に値する。

24 同居人による虐待の放置が含まれた。この視点は一九三三年虐防法にもあったものだが、明文化されず児福法にも条文として残されなかったためか、二〇〇〇年以降の対応では児童虐待に含まれないものとして扱われていた。

25 通告が必要な児童に、虐待を受けたと「思われる」児童が加えられた。この規定は、二〇〇四年に発生した岸和田事件を背景として創設された（第一五九回国会参議院厚生労働委員会会議録第八号 2004: 6）。

26 保護者がこれに違反した場合には、一年以下の懲役または一〇〇万円以下の罰金が科される（第一七条）。

27 法定化された訪問事業とは、乳幼児家庭全戸訪問事業、養育支援訪問事業、地域子育て拠点支援事業である。二〇〇四年以降、各種の訪問事業が開始されていた。

28　第一九〇回国会衆議院厚生労働委員会議事録一八号に、塩崎国務大臣（当時）の意見として、亡くなった男子中学生の声が十分に受け止められていなかったことがある、と記録されている（第一九〇回国会衆議院厚生労働委員会議事録一八号 2016: 23-4）。

29　二〇二四年四月施行の改正児福法では子どもの意見表明を保障する仕組みの整備が盛り込まれる見込みだが、その中心はアドボカシーに置かれる流れも見られる。第三者による代弁の必要性・有効性を認めつつ、後述する虐待サバイバーの声からは、疑問も投げかけられる。

第2章

児童虐待対応の制度評価はどのようにおこなわれてきたのか

1　本章の目的

本章では、先行研究のレビューをおこなう。第1章で概観した制度の変遷について、日本の制度はどのように評価され、どのような提言がなされてきたのかを整理し、本研究の研究目的を提示する。

2　日本の児童虐待対応法制度に対する評価研究

2-1　日本の児童虐待対応法制度に対する評価

日本の児童虐待対応法制度に対する評価研究は、法学者や弁護士など司法関係者を中心とした養育の権利[1]に焦点化した評価と、社会福祉学者や実践家など社会福祉関係者を中心とする支援体制に焦点化した評価とに大別される。

養育の権利に焦点化した評価は、特に一九八〇年から二〇一一年に親権停止制度が創設されるまでの三〇年余りの間に、多くの論者によっておこなわれてきた。その評価のポイントは大きく三つに整理することができる。一つめは、親権への制限が十分あるいは不十分だという評価であり（例えば、許斐 1994; 水野 2010）、二つめは、行政介入の限界を定める規定が必要あるいは不要との評価である（例えば、許斐 1994; 水野 2010）。そして、三つめは、行政介入を受ける側である保護者や子どもに対する適正手続きの保障が必要との評価である（例えば、吉田 1992; 許斐 1994）。特に前二者の評価は分かれているが、三点目の議論を含めてこれらの評価や議論に対し、親権の性格の前提に立ち戻り、虐待親子に限定しない視点での議論が必要ではないか、との疑問も呈されている（池谷 2010）。

一方、支援体制に焦点化した評価は多様性に富んでいる。例えば、二〇〇八年の虐防法改正にあたって、波田埜（2008）は児童虐待等要保護事例の検証に関する専門委員会報告書の第一次報告から第四次報告をもとに、以下の五点を課題として挙げている。すなわち、妊娠期からの切れ目ない相談支援体制の確立、安全確認の重要性の再認識、リスクアセスメントの重要性の再認識、機関連携のあり方の再認識、そして人材育成および組織体制の整備である。一方、同じ二〇〇八年改正法に対し、才村（2011）は以下四点の課題を挙げる。家族再統合を実現するための児童相談所の体制強化、要保護児童対策地域協議会のマネジメント担当機関の職員の配置拡充と専門性の確保、児童福祉司と児童心理司の配置基準の見直しまたは明確化、そして、児童養護施設の「職員体制を質量の両面から確保すること」(才村 2011: 15)である。なお、才村(2011)においては、何をもとにこれらの課題点を導いたのか、その根拠は明記されていない。

2-2 日本の児童虐待対応法制度を対象とする評価研究の限界

日本の法制度を対象とする評価では、法規定を詳細に扱いながら様々な視点から検討し、評価点と課題点が具体的に提示されている。例えば、養育の権利に焦点化した議論では、児福法のみならず民法も視野に入れ、一九八九年に発効したばかりの子どもの権利についても検討に含まれている(例えば、吉田 1992)。また、支援体制に焦点化した議論では、社会福祉以外の領域からも検討されており(例えば、才村 2005)、予防から措置解除までを射程に入れ、その評価点と改正点を整理しているものも多い。こうした詳細かつ多様な視点で検討され、具体的に提示された改正案の一部は、その後の法改正で実現している(例えば、親権停止制度は民法の二〇一一年改正で、妊娠期からの切れ目ない支援体制の整備は児福法の二〇一六年改正で実現している)。これは、これらの議論に妥当性が認められた証左であろう。

一方で、これらの先行研究には以下の四つの点で検討の余地が残されている。

第一に、共通して適用可能な評価指標を示してはくれないことである。そのために、先行研究の妥当性やばらつきを検証し、各評価・各提言の関連を整理することが困難になっている。例えば、水野（2010）は民法と児童虐待対応関連法の体系性の相違を整理した上で、親権制限は十分であること、行政介入制限の規定を新設することには問題があることを指摘する。しかし、水野（2010）以前に指摘された吉田（1992）や許斐（1994）にみられた保護者や子どもの適正手続きについての言及はなく、この妥当性や、これと水野（2010）の指摘する各法の体系性や行政介入制限規定新設の問題とがどのように関連するのかがわからない。また、水野の主張とは逆に、親権への行政介入に制限を設けよとの提言もあるが（許斐 1994）、これと関係機関の連携強化を求める提言（波田埜 2008）とがどのように関連づくのか、あるいは、篠原（2015）が保護者からの指摘として発表した「児相の落ち度をチェックする機能がないこと」（篠原 2015: 21）は、許斐（1994）が指摘した行政介入に制限を設ける必要性の指摘と、法制度上異なる意味を持つのか、あるいは同じ意味だが未だ解消されていないということなのかも判断がつかない。このような状況は、池谷（2010）が指摘するように、一つ一つの評価や指摘に妥当性はあっても、制度全体で捉えた場合に「バランスのよい議論」に欠けている可能性がある。しかし、共通する指標がない以上、先行研究の評価や指摘がバランスを欠いているのかを検討することも難しい。

第二に、評価項目の根拠や程度を十分に明らかに示してはいない点である。例えば、波田埜（2008）や才村（2011）で提示された評価や提言の一つ一つについて、どのような根拠から不足していると指摘されるべき点であったのか、他の点と比べてどの程度深刻な状況であるのか、言及はなされていない。同様のことは多くの先行研究に共通するが、根拠や適当とされるラインが不明確な状態では、おこなわれた評価の適否が判断できない限界がある。

第三に、被虐待児を研究対象とした場合に、制度の望ましさに対する理論的観点からの検討に、議論の余地が残されている点である。児童虐待対応法制度の理論的検討は、主に親権を中心としたいわゆる家族の自律性に対する侵害との観点からおこなわれている（例えば、吉田 1992; 水野 2010）。被虐待児を中心に据えたものには、吉田（1992）などから、児童虐待対応に子どもが持つ保護者から養育される権利を侵害する側面もあるとの指摘はおこなわれており、そのために適正手続の保障が提言されている。しかし、実際の介入は、適正手続をとるほどに至らないものであることのほうが多く、強制力の弱い介入である相談から強制力の強い介入である適正手続までの間に点在する被虐待児への介入を、どのように捉えるかとの点については、十分に議論されていない。このことは、保護者による養育が子どものためにならないという理由から介入が開始される児童虐待対応において、「子どものために」おこなわれる被虐待児への様々な介入の望ましさや適切さを評価していくための理論的な土台に、まだ議論の余地のあることを示している。

第四に、当事者の福祉達成にかんする、当事者の主観的な評価に焦点化した制度研究が極めて少ない、という点がある。社会福祉制度は社会福祉を必要とする当事者の福祉の向上を目的に構築されるはずのものである。篠原（2015）のように、当事者である保護者や被虐待児を対象としたソーシャルワークのあり方を研究するなかで、一部制度にかんする言及はある。しかし、日本の被虐待児による法制度の評価を中心に扱った研究は、管見の限りほとんどみられない。多くを占める支援者側からの評価が、果たして当事者の主観的な評価と一致するのかは、明らかにされないまま残されている。

それでは、以上の限界は、日本を主たる分析対象としない制度評価研究では克服されているだろうか。もし克服されているならば、それを日本の法制度に援用することで、評価と提言をおこなうことができる。次節で確認してみよう。

3　他国を対象とする児童虐待対応法制度の評価研究

3-1　Gilbert ら（1997, 2011）の研究

最も初期から制度の評価に取り組んでいるのが Gilbert ら（1997, 2011）である。Gilbert らの評価研究は、分析の過程で法制度と運用とが明確に分けられていないきらいがあるが、その結論は十分に一般化されている。まず、一九九七年の研究では、九ヶ国の行政対応を分析対象として類型化を試みている。その結果、児童保護重視で介入的対応をとるグループ（アメリカなど三ヶ国）と、家族支援重視で包括的対応をとるグループ（スウェーデンなど六ヶ国）に全体は二分された。「児童保護重視」は、虐待者である保護者を「逸脱者」とみなす枠組で捉え、家族全体への支援より児童の保護を優先する対応をとる。そのため、保護者と行政機関との間に対立が生じやすく、分離措置の際には強制分離が多い特徴があるという。一方、「家族支援重視」とは、虐待の発生を「家族の機能不全」とみなす枠組で捉え、家族全体への支援を優先する対応をとる。そのため、保護者と行政機関とは協働的で、親

子分離の際にも同意によるものが多いという特徴があるとする。

Gilbert らはさらに、分類結果から各グループ内の共通点とグループ間の相違点とを整理し、二分類の差異の指標として四点を導いた。それが、（a）児童虐待の捉え方（望ましくない家族からの子の救出か家族内コンフリクトの解決か）、（b）対応体制の構築の仕方（逸脱のコントロールか家族のニードの充足か）、（c）公的機関と保護者との関係（敵対的か協働的か）、（d）分離措置時の親の同意状況（強制分離か同意か）である。

Gilbert ら（1997）の研究では、九ヶ国を対象としたことで共通点／相違点によるグループ化が可能となり、この共通点／相違点を形成する要素が評価指標として明示されている。ただし、Gilbert の研究目的はあくまで各国に虐待対応のオルタナティブを提示することにあり、望ましさの検討や被虐待児の福祉に適う対応のあり方にかんする考察はおこなわれていない。なお、一九九〇年代半ば以降の欧米一〇ヶ国における児童虐待対応政策を検討した Gilbert ら（2011）では、上記二つの制度の指向性に加え、新たに第三の「子ども焦点化指向（child-focused orientation）」を提示した。これは、子どもを保護者からも国家からも独立したものと捉え、子どもの権利を保護者の権利の上位に位置づけるというものである。なお、Gilbert らは、これら三つの指向性はいずれの国にも存在するとして、二〇一一年研究においては、一〇ヶ国の児童虐待対応制度に対する具体的な評価は避けている。

3-2 Pringle（1998）の研究

Gilbert ら（1997）の翌年に発表された Pringle（1998）は、Esping-Andersen の提唱した分類に対するフェミニズムの立場からの検証を企図し、児童虐待対応を含む児童福祉政策の国際比較をおこなった。Pringle（1998）もまた、法制度と運用とを明確に区別してはいないが、一六ヶ国の行政対応を分析対象とし、残余主義、保守主義、社会民主主義、未発達、旧共産圏の五グループに分類した。そして、残余主義と社会民主主義や保守主義を対象に、「関係性の中に生じる抑圧と勢力の不均衡（oppression and power imbalance）に自覚的であるか否か」[2]との視点から分析をおこなった。その結果、自由主義を背景とする残余主義での対応の方が、家族内の抑圧と勢力の不均衡に自覚的で好ましい、と結論づけた。なぜなら、自由主義が抑圧からの自由に基礎を置くために、家族内の抑圧と勢力の不均衡への自覚も強く、これが子どもの危機に対する敏感さにつながっているからである。

Pringle の研究は、評価の指標や分類の方法それ自体には留意していない。しかし、児童虐待を「（家族内の）関係性の中に生じる抑圧と勢力の不均衡」の結果であると捉え、劣位にある子に対する行政介入を分析した点が特徴的である。他の先行研究においては、行政介入を分析対象とした場合、被介入者には保護者を中心に据えることが多い。しかし、虐待対応が子どもの福祉のためにおこなわれることを鑑みれば、子どもを中心に制度評価をおこなうことは理に適っている。

3-3　高田（2012a）の研究

さて、最も近年に発表されたのが高田（2012a）である。本研究は古橋エツ子が研究代表を務める「虐待防止法の総合的研究——国際比較と学際領域のアプローチを軸に——」の一部である。古橋らの研究は、欧米と中国・韓国を含む一〇ヶ国を対象に、各国の近親者間暴力[3]にかんする法制度のあり方を比較検討し、日本の法制度の課題を明確化することを研究目的とする。なお、高田（2012a）は以下三つの差異の指標を採用している。それは、虐待・暴力の予防と事後的対応に関する基本姿勢、安全性と一時保護の手続き、職員体制・組織体制のあり方である。

第一の指標「虐待・暴力の予防と事後的対応に関する基本姿勢」では、支援対象（家族か個人か）と通告義務の有無の組み合わせにより、各国は三つの類型に大別された。具体的には、家族支援重視で通告義務のないグループ（ドイツ、オランダ）、家族支援と個人の権利を重視し通告義務のあるグループ（スウェーデン、フィンランド）、そして、個人の保護重視で通告義務のある国とない国が混在するグループ（アメリカ、韓国、括弧書きでイギリス）である。なお、日本は位置づけられていない。次に、「安全性と一時保護の手続き」においては、行政権限と司法判断との組み合わせにより各国は三つの類型に分けられた。具体的には、行政権限に基づくグループ（韓国、日本）と、司法判断に基づくグループ（フランスなど欧米四ヶ国）、限定的な行政権限と事後的な司法判断が要件であるグループ（スウェーデン）の三つである。最後に、「職員体制・組織体制」の指標では、各国の分類はおこなわず、日本のみが著しく脆弱な体制であることが示された。そして、結論として、以下の三点を指摘する。すなわち、福祉的アプローチの世界的な潮流、日本における子どもの当事者としての地位の強化と親の権利の制限のあり方にかんする再考の必要性、そして、日本での組織体制の強化の必要性である。

高田（2012a）では、各国の法制度に対する包括的な評価については述べられていない。しかしながら、比較対象国に日本が含まれ、各項目の制度のあり方としていくつかの類型が示されたことで、日本の法制度に対する評価がわかりやすくなっている。

3-4　他国を対象とする制度評価研究の限界

Gilbertら（2011）を除き、以上の先行研究では、ある一定の基準に照らした各国の制度の評価が試みられており、その結果、各国は自国の制度の特徴を把握することやオルタナティブを検討することが可能になった。

しかしながら、以下の五点に検討の余地がある。

第一に、採用した差異の指標の根拠が十分に明確でない点である。Pringle（1998）は各国を五類型に分類した指標を明示しておらず、Gilbert（1997）では四つの指標が、高田（2012a）では三つの指標が提示されたが、これらの指標を採用した根拠は明記されていない。そのため、指標の妥当性を検討することができず、また、各研究で採用された指標が互いにどのように関連するのかを把握することが難しい。

第二に、各国の差異、すなわち当該類型に分類される程度を決定する理論的な説明が明確とはいえない点がある。例えば、Gilbert ら（1997）は各国の制度を児童保護重視型と家族支援重視型に分類したが、児童保護重視型に分類されたアメリカにおいても、行政にはリーズナブル・エフォーツ（reasonable efforts）[4]が課されており、これは家族支援との位置づけが可能である。また、家族支援重視型に分類されたスウェーデンでも、行政権限による強制分離措置[5]は可能とされており、これは児童保護を重視した介入であると捉えられるが、こうした分類基準の矛盾に Gilbert らは答えていない。このような分類の妥当性の問題は高田（2012a）で一部にみられた日本の位置づけの困難さや Pringle（1998）にも共通して指摘できる。また、この限界は、法改正がおこなわれた際の再評価の困難さも招く。

第三には、分析対象が限定的である点が挙げられる。いずれの先行研究においても、行政対応のあり方が分析の中心であり、一部に司法関与のあり方を含むに留まる。しかしながら、児童虐待対応には他の機関や組織もかかわり、程度や範囲に違いはあるものの、いずれの国の法でも、それらの関与の仕方も規定されている。それらの機関や組織のあり方を考慮に入れてもなお、各国制度に対する評価が維持されるのかはわからない。

そして、第四に、日本の児童虐待対応法制度全体の評価が明らかにされていない点がある。高田（2012a）では、一つ一つの比較点で日本の法制度の特徴は明らかにされたが、全体としての評価はなされていない。また、他の先行研究に日本は含まれておらず、類型間の差異の理論的な説明が十分でないために、第三者が先行研究の枠組みで日本を評価することができない。

最後に、制度の望ましさにかんする検討をおこなう際の、理論的観点および当事者の主観的な観点からの評価が十分とはいえない点が挙げられる。これは、日本を対象とする評価研究と共通して指摘されるものである。例えば、Pringle（1998）は、関係性の中に生じる勢力の不均衡に最も自覚的な自由主義を背景とする残余主義的対応が望ましいと結論づける。これは確かに危機介入においては正しいといえるだろう。しかし、ここで想定されているのは、保護者と被虐待児の間の勢力不均衡であり、介入者と被虐待児の間の勢力関係については考慮されておらず、危機介入以外の場面における被虐待児への介入の望ましさについては十分に検討されていない。

以上を総合すれば、日本を対象とした研究および他国を主たる対象とする制度評価研究のいずれにおいても、大きく二つの限界が指摘できる。第一に、評価指標が十分に明確でないこと、それによって、日本の法制度の評価と改正の方向性の提言もまた再検討が必要であること、第二に、法制度の望ましさにかんし、理論的および当事者の経験的観点からの検討が十分であるとはいえないことである。

4　研究目的

以上の先行研究の整理から、法制度の対象である被虐待児の視点を可能な限り意識した児童虐待対応法制度の構想を得るために、三つの小課題を設定する。

第一の小課題は、どの国や社会の法制度に対しても、その全体を明確に矛盾なく評価できる評価指標を土台から構築し、これを用いて日本の法制度の特徴を捉えることである。なお、本課題では、制度の望ましさにかんする判断は含まず、制度の特徴を捕捉することにのみ焦点化する。

第二の小課題は、小課題一で明らかにされた日本の法制度のあり方に対し、望ましさの観点から評価をおこない、望ましい法制度のあり方を構想することである。本課題においては、特に被虐待児を中心に法制度の望ましさを検討する。ここで保護者を含めずに被虐待児のみを研究対象とする理由は以下の三点にある。第一に、児童虐待対応法制度は被虐待児のためにあるにもかかわらず、被虐待児を中心におく制度研究はかなり少なく、当事者でありながら周辺化されてきたためである。第二の理由は、周辺化されてきた者の声はマジョリティには届きにくく（Minow 1995）、もし保護者を中心とした分析も含めた場合に、それが被虐待児の視点と相克するなら、保護者の視点が被虐待児の視点に優先されてしまう懸念があるためである。そして、第三の理由は、物理的な理由であるのだが、限られた時間のなかで、保護者を中心に置く研究にまで手が及ばなかったことがある。以上の理由から、本課題は、被虐待児を中心に展開する。なお、本課題には、理論と経験的研究から接近を試みる。

第三の小課題は、第一の小課題で明らかになった日本の制度の特徴と、第二の小課題で導かれた望ましい制度のあり方をふまえたうえで、日本の制度の改正の方向性と実現可能性を検討することである。本課題においても、研究の中心は被虐待児におく。

以上の結果をもって、本研究の結論とする。

■注

1　養育の権利と親権とは区別して用いる。親権は民法に規定のものを指し、養育の権利は、吉田（1992）が主張するように、保護者の「養育する権利」と子どもの「保護者から養育を受ける権利」を指すものとして使用する。そのため、養育の権利は民法の親権のみを意味するものではなく、より広い概念を示す。

2　この「関係性の中に生じる抑圧と勢力の不均衡」とは、親子を例にとれば、親と子という関係性の中で、一般に親に対し子どもの方が脆弱な立場にあるという権力の不均衡のことを指す。

3　古橋ら（2012）の分析対象は、児童虐待のみならず、ＤＶ、高齢者虐待、障害者虐待も含むが、本研究では児童虐待にかんするもののみを扱う。

4　リーズナブル・エフォーツとは、「子どもの家庭からの分離を防止し、かつ分離状態にある子どもを可及的速やかに家庭へ戻すために」州が払う適切な努力を指す（Adoption Assistance and Child Welfare Act of 1980: P.L.98-272, Major Federal Legislation Index and Search, Child Welfare Information Gateway, U.S. Department of Health & Human Services HP. 筆者訳）。人種や民族、貧困等を理由とする不適切な親子分離を防ぐために一九八〇年制定の The Adoption Assistance and Child Welfare Act（AACWA）で規定された。

5　児童の保護に緊急性が認められ、裁判所の決定を待つ時間的余裕のない場合には、行政権限による一時的な分離措置がおこなわれる。ただし、「緊急保護が開始された場合、一週間以内に県行政裁判所へ申立てを行い、同裁判所の決定を経てＬＶＵ（引用者注：青少年の保護に関する特別規定を定める法律）に基づく強制保護へと移行する」（高田 2012b:133）。

第2部　日本の児童虐待対応法制度の特徴

第3章

児童虐待対応法制度の評価指標の構築
――「『参加』の権利スケール」の構築

1　本章の目的

第2部では、本研究の第一の小課題である、児童虐待対応法制度全体を明確に矛盾なく把握する評価指標の構築と日本の評価に取り組む。本章で評価指標を構築し、続く第4章で日本を含む四ヶ国にこれを適用して、指標の使用可能性の検証と日本の評価をおこなう。

2　評価軸の構築

はじめに、評価軸を構築する。ここで構築される評価軸は、いずれの国や社会にも共通する児童虐待対応法制度の骨格となるものである。したがって、児童虐待対応の定義から理論的に導出して構築を試みる。

2-1 「児童虐待対応」の定義と構成要素

序章に示したとおり、本研究では、「児童虐待」を「社会が不適切であると判断した保護者から子どもへのケア」と定義し、「児童虐待対応」を「保護者から子どもへのケアに対し、社会が不適切であると判断して介入すること」と定義する。

本定義から、児童虐待対応とは、（1）保護者から子どもへのケアに対し、（2）社会が不適切であると判断して介入する、という二要素から構成されていることがわかる。（1）より児童虐待の当事者[1]として保護者と子どもの二者が、（2）からは、社会の介入と当事者の自律という対概念が導かれる。後者について、なぜ介入の対概念として自律が導かれるのか、自律とは何か、以下に説明する。

2-1-1 社会の介入と当事者の自律

児童虐待対応研究では社会介入の態様が議論の中心となることが多いが、社会福祉学全般の動向を概観すれば、社会による介入（支援）と被介入者（当事者ないし利用者）の自律とは対概念として議論の対象にされてきた。しかし、社会福祉一般の理念として介入と自律が対概念であるとしても、児童虐待対応において、被介入者である保護者と子どもの自律という概念は大きなリスクを孕むものであり、議論の余地を残している。なぜなら、保護者や子どもの自律を尊重し社会介入を控えることで、虐待の継続や子どもの虐待死を招くおそれがあるためである。

特に自由主義をとる国家においては、保護者・子ども・国家の三者間には私的関係優先の前提があり（児童の権利に関する条約第五条：森田 1999: 73-4）、従来、保護者の自律が国家介入に優先されてきた。これは、子どもに最も近い者である保護者こそが、子どもの福祉を最もよく実現できると考えられているためである。そのため、保護者の養育や教育に対する国家の干渉には、正当な理由と結果が必要とされてきた[2]。このように、国家の介入は、保護者の自律との関係で捉えられているといえる。

ところが、子どもの福祉の達成を、保護者による保護、国家による保護の順で図る、との考え方は、一九六〇年代以降の世界的な児童虐待の「発見」によって再考を余儀なくされた。児童虐待とは、保護者による保護が成立しない状態である。したがって、児童虐待に社会が対応するためには、子どもを保護者から独立した一個の個人として認識する必要があった。そして、一個の個人として子どもを認識することは、国家による保護に対しても、はたしてそれが真に子ども自身の福祉に適っているか、との疑問を投げかけることになった[3]。つまり、保護者や国家による「『保護』の体系に対する批判のイデオロギー」（森田 1999: 88）として子どもの自律が提唱されるようになったのである[4]。こうして、国家のケア関係への介入は、保護者の自律との関係および子どもの自律との関係で考えられるようになった。

このような児童虐待対応の歴史から、国家に対する当事者（保護者・子ども）の自律は、社会福祉一般の理念としてだけでなく、児童虐待対応においても核となる概念であるといえる。したがって、介入の対概念に自律をおくこととする。

2-1-2　自律概念と主体化

さて、本研究の射程である「社会の介入に対する自律」を行使するためには、社会からの承認が必要となる。なぜなら、当事者が自律能力を有しているとしても、社会による承認がなければ、実質的な行使の機会は制限されるからである。そこで、当事者が自律権を有し、そのことが社会によって承認されることを当事者の「主体化」と呼ぶこととする。

2-2　評価軸の構築

2-2-1　評価軸の構築

では、本論に戻ろう。「保護者から子どもへのケアに対し、社会が不適切であると判断して介入すること」との児童虐待対応の定義から、（1）「保護者」と「子ども」、（2）「社会の介入」と「当事者の主体化」という二つの対概念が導出されたのであった。ここで、社会の介入は、保護者と子どもとの間のケアに対しておこなわれるため、保護者と子どもの両方に影響を与えるといえる。したがって、（2）の「社会の介入」と「当事者の主体化」は、（1）の「保護者」と「子ども」の各々にかかるこ

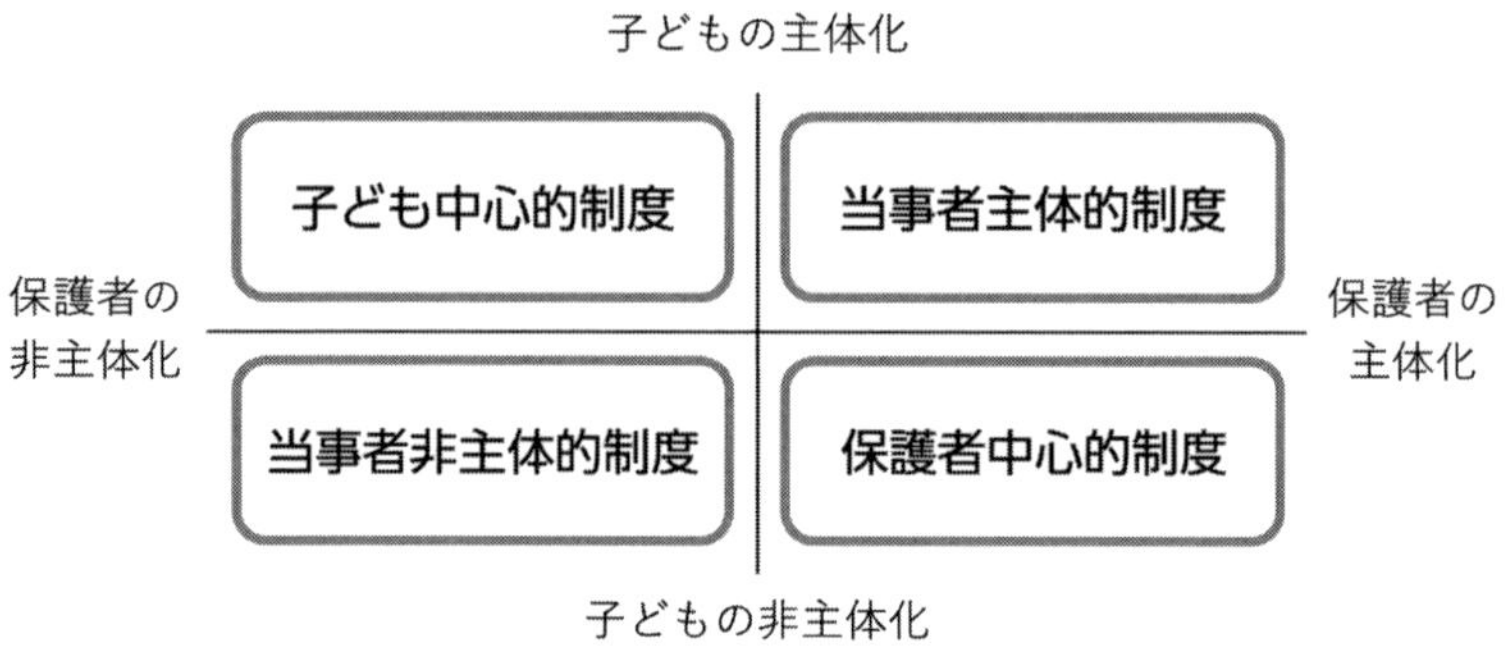

図表3-1　児童虐待対応制度の構造分析モデル
出典：根岸（2013: 35）より一部修正。

とになり、これをモデル化すれば、四つのキーワードを極とする四象限のモデルができる（図表3-1）。これを「児童虐待対応制度の構造分析モデル」[5]とよぶ。

第一象限は、保護者も子どもも主体化されている制度を示し、これを「当事者主体的制度」と名づける。この象限に位置する制度は、社会による介入とともに、保護者と子ども双方の自律性にも自覚的であるものといえる。

第二象限は、子どもは主体化されているが保護者は主体化されていない制度を示す。これを「子ども中心的制度」と名づける。この象限に位置する制度は、保護者を国家と子どもに従属するものとして捉えることになる。子どもは国家と直接対峙する対象となる。

第三象限は、保護者も子どもも主体化されておらず、介入機関の権限が最大化する制度を示す。これを「当事者非主体的制度」と名づける。

最後に、第四象限は、保護者は主体化されているが子どもは主体化されていない制度を示し、これを「保護者中心的制度」

と名づける。この象限に位置する制度は、子どもを国家と保護者に従属するものとして捉え、国家と保護者との間の争いや協調によって、子どもの処遇が決定されることになる。

ここで改めて注意したいのは、「主体化」とは「当事者の自律性に対する社会的承認」を指し、ケースにかんする「決定権限を有する」こととは異なるということである。当事者の自律を担保することがすなわち、当事者にケースの処遇にかんする全決定権を与えることを意味するわけではなく、したがって、当事者の決定した処遇に行政その他機関が従うということを指すのではない。

2-2-2 「児童虐待対応制度の構造分析モデル」における各制度間の差異を決定する指標

さて、保護者からの危害の防止、および子どもの生命や発達・利益の保護のために第三者介入が求められる児童虐待対応において、少なくとも先進国には同様の介入規定が存在する。具体的には、通報、保護者の同意に基づく子どもの措置、強制保護、社会的養護、在宅支援である。

一方、国際比較を含む先行研究で頻繁にとりあげられる差異の指標には、裁判所介入の有無がある（例えば、吉田 2002; 原田 2008; 高田 2012a など）。児童虐待対応における裁判所は、行政介入の適否を監視し、被介入者の養育権や自由権が侵害されていないかを判断する役割を担っている[6]。つまり、裁判所介入の有無の差は、被介入者を養育権や自由権を持つ主体として取り上げるか否かを意味している。

この被介入者の主体化に対する意識の差は、確かに各国の制度の評価において差をつける。例えば、高田（2012a）によれば、親権や当事者の意思に反しておこなわれる強制一時保護の規定は、いずれの先進国にも存在する。この点では、各国は差異化されない。しかし、司法判断に基づく強制一時保護であるか否かとの点では、アメリカやイギリス、ドイツ等では司法判断が必要となるのに対し、日本と韓国では不要であり、各国に差が生じる。このことは、各国の行政権の強さを相対化するキーとして、当事者の養育権・自由権への視点の有無、すなわち当事者の主体化の程度があることを示している。

したがって、「児童虐待対応制度の構造分析モデル」において、各制度間の差異を決定する指標として、被介入者である当事者の主体化程度をおくこととする。

3　評価軸の目盛付け

次に、「児童虐待対応制度の構造分析モデル」を構成する「当事者の主体化程度」を経験的なレベルで測定するための目盛り付けを検討する。

3-1　主体化の程度をどのように測るか

広く知られるように、当事者の一人である子どもの自律性への社会的承認は、児童の権利に関する条約（以下、権利条約という）第一二条に規定された意見表明権によって、世界共通の認識となった。

つまり、子どもの主体化程度の測定は、権利条約第一二条の保障程度を手がかりにおこなうことができる。

この権利条約第一二条について、国連子どもの権利委員会（以下、権利委員会という）は、一般的意見一二号（General Comments No.12, 以下ＧＣ12）で次のように述べる。

近年、〈権利条約〉第一二条には書かれていないものの、広く「参加」と概念化される実践が普及している。参加とは、互いに尊重しあうことをベースとした、子どもと大人との間の情報共有と対話、および、子どもが、子ども自身の意見と大人の意見とがどのように考慮されて結論（outcome）を形成するのかを学ぶ、進行中の行程を説明する用語である。（権利委員会 2009: para.3, 筆者訳、〈 〉内筆者加筆、以下同）

ＧＣ12によれば、条約が締結された一九八九年以降の実践から、意見表明権は事実上「参加権」というより広い概念へと発展しているという。つまり、子どもの主体化程度は、参加権の保障程度を測ることによって捕捉できるということになる。

3-2　当事者の参加の程度を測る研究

それでは、当事者の参加の程度は、これまでどのように測定されてきたのだろうか。児童虐待分野で当事者参加の程度を捕捉しようとする先行研究は管見の限りみられないが、他分野での当事者参加の程度を測る研究はいくつかある。例えば、遠藤（2010）は、参加・参画を「ある場（組織・団体・仕事・催しなど）に一員として加わることから始まり、その場で取り組まれる政策や事業の計画にも加わって決定していくプロセス」（遠藤 2010: 74）と定義し、市町村の障害者計画への障害者の参加程度を計測した。その基準は、以下の七点である。「障害者計画」・「障害者福祉計画」とも計画を策定したか否か、計画策定のために組織された委員会への障害当事者の参加・参画の有無、当事者委員の障害種別、委員の選出方法、知的障害者が参加・参画している場合に当事者委員への特別な配慮が必要であったか否か、特別な配慮をした場合にはどのような配慮であったのか、そして、支援に必要な費用の負担先である。

しかし、先行研究の基準は出所が明らかでなく、研究者が任意に設定した可能性を否定することができない。また、示された参加の定義が必ずしも児童虐待対応になじまないため、参加の定義およびこれにリンクした測定基準を援用することが難しい。

そこで、まず子どもにかんする参加の定義を確認してみたい。そして、参加の程度を測る具体的な基準の構築のため、参加の定義に合致する具体的な項目を考えていく。

3-3　参加の定義

児童虐待対応は児童福祉の一環であり、権利条約発効以降、締約国はこれに沿って自国の児童福祉制度を整備する義務を負っている[7]。そして、同義務に対しては、権利委員会がその実行状況を定期的に審査し、必要に応じて勧告することになっている（権利条約第四三条一項）。したがって、権利委員会の指針に法的拘束力はないが（Unicef HP）、権利委員会の指針が世界に共通する基準の一つであるといってよいだろう。そこで、先に示した権利委員会のGC12における参加にかんする記述から、その定義を確認する。

> 参加とは、互いに尊重しあうことをベースとした、子どもと大人との間の情報共有と対話、および、子どもが、子ども自身の意見と大人の意見とがどのように考慮されて結論を形成するのかを学ぶ、進行中の行程を説明する用語である。（権利委員会 2009: para.3）

右記定義によれば、参加は三つの要素から構成されている。三つの要素とは、（1）子どもと大人との間の情報共有と対話、（2）子ども自身の意見と大人の意見とがどのように考慮されて結論を形成するのかを学ぶ、（3）進行中の行程、である。そこで、次項で三つの各要素に合致する具体的な項目を考える。

なお、本書では、これ以降、参加の用語について、権利委員会の定義を括弧つきの「参加」と表記し、他の意味で用いられるものと区別して使用する。また、同定義は子どもの「参加」の定義であるが、児童虐待対応における もう一方の当事者である保護者の「参加」にも適用は可能である。なぜなら、子どもと大人の関係性を勢力関係で考えるならば、そこにみられる不均衡性は、専門家である介入者と非専門家である保護者との勢力関係の不均衡性に重ねることができるからである。専門家と非専門家の間には、情報量や知識量による格差が生じやすく、これが勢力関係の不均衡を招くことは、ソーシャルワークではよく知られている（副田 2005: 41）。そして、勢力関係で劣位にある者は、その抑圧的関係によって参加の機会を奪われている可能性が指摘できる（Fineman＝2003: 57-8）。したがって、本書においては、GC12の「参加」の定義を、保護者にかんする「参加」の意味にも応用して使用する。

3-4　基準項目のリストアップ

では、「参加」の三つの要素について、順にその具体的内容を考えていく。

3-4-1　「参加」の要素1──「子どもと大人の間の情報共有と対話」

まず、第一の要素「子どもと大人の間の情報共有と対話」の具体的な項目から考える。

前述のとおり、児童虐待対応についても、締約国は権利委員会の指針を基準とするのが世界の共通事項である。したがって、「子どもと大人の間の情報共有と対話」についても、権利委員会の基準を採用することが妥当である。権利委員会の指針はGCで示されており、「参加」にかかわるものは一二号である。また、これより詳細な基準は各国に対する勧告で示されている。したがって、権利委員会のＧＣ12と勧告で挙げられている「子どもと大人の間の情報共有と対話」にかかわる項目を基準として採用する（基準１　権利委員会指針）。

一方、アメリカは権利条約未締約国であるが、当事者「参加」については積極的な制度を発展させており、その制度は他の国でも十分に実現可能なものである。例えば、ケース対応の適切さを審査する州の特別委員会をとりあげてみよう。この特別委員会の目的は当事者と支援者との間の情報共有と対話が適切になされているかを審査することであり、その構成メンバーには、当事者と同じ属性を持つ者が含まれるよう要請されている（CAPTA SecI, TitleI, Sec107）。これを日本で実現しようとするならば、例えば、都道府県児童福祉審議会のメンバーに虐待サバイバーの成人が必ず含まれるようにするという内容になる。実際の制度化には多くの議論が必要になるだろうが、実現が不可能なものではない。したがって、アメリカにみられる「子どもと大人の間の情報共有と対話」を目的とした制度についても、その有無を基準に加えてよいと考える[8]（基準２　未締約国の制度）。

さて、ＧＣ12によれば、「子どもは、自らの意思に反して意見を表明することを強制されてはならない」（権利委員会 2009: para.134）という。その理由は示されていないが、ケイパビリティの観点から考えるならば、「参加」は、「する／しない」を選択できる方が、そうでない場合よりも当事者の福祉の水準は高いことになる。したがって、上述の基準項目の測定においては、理論的に非該当と判断されるものを除き、「する／しない」の選択肢を有するか否かを基準に加える（基準３　選択性の高さ）。

また、「参加」の機会を制度として保障する場合、国家の義務として明記される場合とそうでない場合とでは、結果に差の生じる可能性がある。加えて、子どもについては、年齢や成熟度による制限がなされる場合があり、このような制限も「子どもと大人の間の情報共有と対話」の機会の保障程度に差をつけるものといえる。したがって、基準には制度性の強度の差を考慮に入れることが求められる（基準4　制度性の強度）。

3-4-2　「参加」の要素2——「子ども自身の意見と大人の意見とが、どのように考慮されて結論を形成するのかを学ぶ」

次に、「参加」の第二の要素である「子ども自身の意見と大人の意見とが、どのように考慮されて結論を形成するのかを学ぶ」ことに対応する具体的な項目を考える。「どのように」という表現は、当事者が表明した意見が、採用から不採用の間で様々な結果をとる可能性のあることを意味している。そして、当事者が意見を表明してから当該意見が採用・不採用に至るまでのプロセスを学ぶには、当事者がその場に居合わせるか、そうでなければ、当事者が支援者の思考経路を推測するか、支援者が実際に説明するしかない。

この点につき、中川（1999）は、支援者が裁量の結果について当事者へ説明することは、権利条約第一二条一項の「正当に重視される」という作為義務の規範に含まれると述べる（中川 1999: 53）。したがって、支援者の判断により当事者の「参加」を制限する場合には、これに対する説明・報告の義務づけを基準の一つとして採用する（基準5　作為義務の強度）。

3-4-3　「参加」の要素3――「進行中の行程」

最後に、「参加」の三つ目の要素である「進行中の行程」を具体的に捉える基準を考える。まず、児童虐待対応は過程であることに注目したい。その過程をいくつかのフェーズ（位相）に分け、各フェーズの「参加」程度を捉える。そして、最後にこれを総合すれば、「参加」の行程を捉えることができる。以上から、対応の過程をいくつかのフェーズに分け最後に総合する手続を、基準の一つとして加える（基準6　フェーズ）。

3-4-4　基準項目のリスト――『参加』の権利リスト」

以上の基準について、権利委員会の指針、各国の制度、理論、先行研究から集められた項目を権利としてリストにしたものが図表3-2である。各項目の出所は最右欄に記載している。このリストを『参加』の権利リスト」とよぶ。ここで各項目を権利として捉えるのは、「正当な資格を持つ主体として認知させる力が権利にはある」（大江 2004: 22）からである。

『参加』の権利リスト」は大きく五つの要素から構成される。（Ⅰ）選好の形成や権利の行使を適切におこなうために必要な前提となる「情報提供にかんする権利」（七項目）、（Ⅱ）意見表明を伴わない参加を表す「出席にかんする権利」（三項目）、（Ⅲ）自分自身の選好を表明する「意見表明にかんする権利」（六項目）、（Ⅳ）当事者の「参加」をエンパワメントする側面が含まれる『参加』を促進する環境にかんする権利」（一〇項目）、（Ⅴ）当事者本人が言語・非言語による選好の表明が十分におこなえない場合に当事者の利益を代弁する者を利用する「代理にかんする権利」（七項目）である。なお、（Ⅴ）「代理にかんする権利」は当事者「参加」とは必ずしもいえないようにみえるが、権利条約第一二条二項に規定されている[9]。

この「『参加』の権利リスト」の各権利について、それぞれ法規定上満たされている個数を得点化することで、当事者参加の程度が測定できる。その際、基準4に対応させて、規定上の表現が「しなければならない」（should または have a right または entitled）表記であれば一点とし、それ以外の強制力を持たない表記（may または be）または制限内容を含む場合には〇・五点とする。また、基準6に対応させて、これを対応過程のフェーズごとに使用し、最後に総合得点を算出する。なお、リスト中「㉜代理人等の訓練」と「㉝当事者団体」は、対応の時間軸と関連しないため、この二項目のみ一つのフェーズでのみカウントする。また、本リストは、保護者・子ども別に使用される必要がある。なぜなら、制度上、保護者と子どもでは『参加』の権利」の保障程度が異なると考えられるためである。

図表3-2 「参加」の権利リスト

「参加」の権利項目		具体的内容	出所
Ⅰ 情報提供にかんする権利	①権利のあることを周知される権利	出席する権利・意見を表明する権利・意見表明を促進する環境に関する権利・代理の権利の全て、またはいずれかについて周知される権利	【基準1】日本への勧告(2004)等
	②権利について周知しない理由の報告・記載	上記の権利を周知しない場合、その理由を記載または報告する義務、あるいは上級組織・機関が当事者に当該情報を既に持っているか確認をおこなう義務	【基準5】中川(1999)等
	③対応内容を周知される権利	当該虐待ケースについて、今後なされうる対応あるいはこれまでにとられた対応について周知される権利	【基準1】GC12、Ⅲ A1(25)等
	④対応内容を周知しない理由の報告・記載	上記の内容を周知しない場合、その理由を記載または報告する義務、あるいは上級組織・機関が当事者に当該情報を既に持っているか確認をおこなう義務	【基準5】中川(1999)等
	⑤家族の状況にかんする情報の提供を受ける権利	虐待加害者・虐待被害者の置かれている状況、およびその家族に関する情報の周知をうける権利	【基準1】GC12、Ⅲ A(16)、等
	⑥家族の状況について周知しない理由の報告・記載	上記の内容について周知しない場合、その理由を記載または報告する義務、あるいは上級組織・機関が当事者に当該情報を既に持っているか確認をおこなう義務	【基準5】中川(1999)等
	⑦周知されない権利	以上の内容についての周知を受けない権利	【基準3】家永(2003)
Ⅱ 出席にかんする権利	⑧出席する権利	虐待認定・処遇計画の策定・処遇決定・処遇内容の変更・処遇終了の決定における、虐待加害者・虐待被害者の出席に関する権利	【基準1】GC12、Ⅰ(3)、Ⅲ B5(86)等
	⑨出席させない理由の報告・記載	上記の権利を認めない場合、その理由を記載または報告する義務、あるいは上級組織・機関が当事者に当該情報を既に持っているか確認をおこなう義務	【基準5】中川(1999)等
	⑩出席しない権利	虐待認定・処遇計画の策定・処遇決定・処遇内容の変更・処遇終了の決定において、虐待加害者・虐待被害者が出席を拒否することができる権利	【基準1】GC12、Ⅲ A(16) 【基準3】家永(2003)
Ⅲ 意見表明にかんする権利	⑪意見を表明する権利	虐待認定・処遇計画の策定・処遇決定・処遇内容の変更・処遇終了の決定において、虐待加害者・虐待被害者が自ら意見を表明することができる権利、または意見を聴かれる権利	【基準1】GC12、Ⅰ(1)(3)等
	⑫意見表明の機会を作らない理由の報告・記載	上記の機会を作らない場合、その理由を記載報告する義務、あるいは上級組織・機関が当事者に当該情報を既に持っているか確認をおこなう義務	【基準5】中川(1999)
	⑬意見を表明しない権利	虐待認定・処遇計画の策定・処遇決定・処遇内容の変更・処遇終了の決定において、虐待加害者・虐待被害者が自ら意見を表明することを拒否できる権利、または意見を聴かれることを拒否できる権利	【基準1】GC12、Ⅲ A(16)等 【基準3】家永(2003)
	⑭同意する権利	虐待認定・処遇計画の策定・処遇決定・処遇内容の変更・処遇終了の決定において、虐待加害者・虐待被害者がその内容に同意する権利	【基準2】フロリダ州法 Title5-39-7-6011(3)等
	⑮同意を求めない理由の報告・記載	上記の機会を作らない場合、その理由を記載または報告する義務、あるいは上級組織・機関が当事者に当該情報を既に持っているか確認をおこなう義務	【基準5】中川(1999)等
	⑯同意しない権利	虐待認定・処遇計画の策定・処遇決定・処遇内容の変更・処遇終了の決定において、虐待加害者・虐待被害者がその内容に同意しない権利	【基準3】家永(2003)

Ⅳ「参加」を促進する環境にかんする権利	⑰意見を尊重される権利	虐待加害者・虐待被害者の意見が、行政・司法関係者等、虐待ケースへの対応を決定する者から尊重される権利	【基準1】GC12、Ⅲ(12)、A1(27)等
	⑱意見を尊重しない理由の報告・記載	行政・司法関係者等、虐待ケースへの対応を決定する者が、虐待加害者・虐待被害者の意見を尊重しない場合、その理由を記載または報告する義務、あるいは上級組織・機関が当事者に当該情報を既に持っているか確認をおこなう義務	【基準5】中川(1999)等
	⑲少数言語の補助および分かりやすい言葉やツールを使用してもらう権利	面接や書面によるやりとりの際に、虐待加害者・虐待被害者の出自民族・地方の言語、又は易しい公用語、絵や人形等が使用されることで、当該両者の十分な理解を促進してもらう権利	【基準1】GC12、Ⅲ A1(21)(34)等
	⑳繰り返し聴取されない権利	虐待加害者・虐待被害者の発言内容の変容の防止、あるいは心理的負担の軽減の目的で、テープレコーダーやビデオの使用のもと、虐待の状況について繰り返し聴取されない権利	【基準1】GC12、Ⅲ A1(24)等
	㉑繰り返し聴取されない権利を認めない理由の報告・記載	上記の措置をとらない場合、その理由を記載または報告する義務、あるいは上級組織·機関が当事者に当該情報を既に持っているか確認をおこなう義務	【基準5】中川(1999)
	㉒司法へアクセスできる権利	虐待認定・処遇の決定・処遇内容に関し、虐待加害者・虐待被害者が不服のある場合に、司法制度に審理請求・再審請求・上訴できる権利	【基準1】GC12、Ⅲ A1(32)等
	㉓司法へアクセスさせない理由の報告・記載	上記の権利を認めない場合、その理由を記載または報告する義務あるいは上級組織・機関が当事者に当該情報を既に持っているか確認をおこなう義務	【基準5】中川(1999)等
	㉔苦情申し立てシステムを利用できる権利	行政機関内の苦情申し立てシステムを利用できる権利	【基準1】GC12、Ⅲ A2(46)等
	㉕苦情申し立てシステムを使用させない理由の報告・記載	上記システムを利用させない場合、その理由を記載または報告する義務、あるいは上級組織・機関が当事者に当該情報を既に持っているか確認をおこなう義務	【基準5】中川(1999)等
	㉖安心して意見表明できる環境が与えられる権利	虐待加害者・虐待被害者が意見を表明する際、強制や抑圧のないリラックスできる空間・関係性が確保される権利(例。虐待被害者の年齢に応じ面接官・代理人は人形を使う、壁紙・インテリア・服装への配慮等)	【基準1】GC12、Ⅲ A1(21)(22)等
Ⅴ代理にかんする権利	㉗代理人をつける権利	虐待加害者または虐待被害者が、虐待ケースへの対応開始から終了までの全ての期間、あるいは特定の期間において、公人・私人を問わず、虐待対応をおこなう機関とは独立した第三者で、虐待加害者・虐待被害者と直接話しをしながら、両者の利益・意見を援護し、この保護に努める者を利用できる権利	【基準1】GC12、Ⅲ A1 (36)等
	㉘代理人を認めない理由の報告・記載	上記の権利を認めない場合に、その理由を記載または報告する義務、あるいは上級組織・機関が当事者に当該情報を既に持っているか確認をおこなう義務	【基準5】中川(1999)等
	㉙代理人をつけない権利	上記の者を利用しない権利	【基準1】GC12、Ⅲ A1 (35)等
	㉚裁判所に代理人を任命してもらう権利	貧困等の経済的理由等から、上記の者が利用できない場合に、裁判所の任命等により公費で上記の者を利用できる権利	【基準2】アラバマ州法 Title12-15-304(a)等
	㉛任命しない理由の報告・記載	上記の権利の保障を行わない場合、その理由の記載または報告する義務、あるいは上級組織・機関が当事者に当該情報を既に持っているか確認をおこなう義務	【基準5】中川(1999)等
	㉜代理人等の訓練	虐待および虐待加害者・虐待被害者に関する社会学的・心理学的・発達心理学的知見について教育を受けた代理人、児童虐待を扱う司法機関・行政機関・医療機関・教育機関関係者に対応してもらう権利	【基準1】GC12、Ⅲ A1 (34)、(36)等
	㉝当事者団体	メンバーに保護者あるいは虐待サバイバーの成人を含む、行政機関・司法機関から独立した、当該ケースの評価・支援過程に直接関わる委員会・団体から直接的・間接的にエンパワメントされる権利	【基準2】コロンビア特別区法 Title4-13-1、c-ii、1303。52、c 等

出典：根岸(2015: 33-4)。

4　「『参加』の権利リスト」と「児童虐待対応制度の構造分析モデル」との接続

前節で作成した「『参加』の権利リスト」は、「児童虐待対応制度の構造分析モデル」を経験的に適用する際の具体的な基準である。そこで、次に同基準の当該モデルへの適用方法を考える。

4-1　「『参加』の権利リスト」と「児童虐待対応制度の構造分析モデル」との接続

「児童虐待対応制度の構造分析モデル」は、当事者の一方である保護者の主体化を横軸に、もう一方である子どもの主体化を縦軸にとる。組み合わせてできた四つの象限には、主体化される対象に沿った名称がつけられている（次頁図表3-1）。

本モデルは座標軸として使用できるため、「『参加』の権利リスト」から得られた各国の保護者の得点を横軸に、子どもの得点を縦軸にとれば、各国の位置づけが決定できる。

4-2　理想と現実の差――当事者の「参加」程度にかんする必要得点と十分得点の設定

では、どのように得点を置くか。

各国の得点は、fuzzy sets QCA（以下、fsQCA）で使用されるキャリブレーション（calibration）というデータ変換を用いて、0-1の値をとるよう標準化する。キャリブレーションを採用する理由

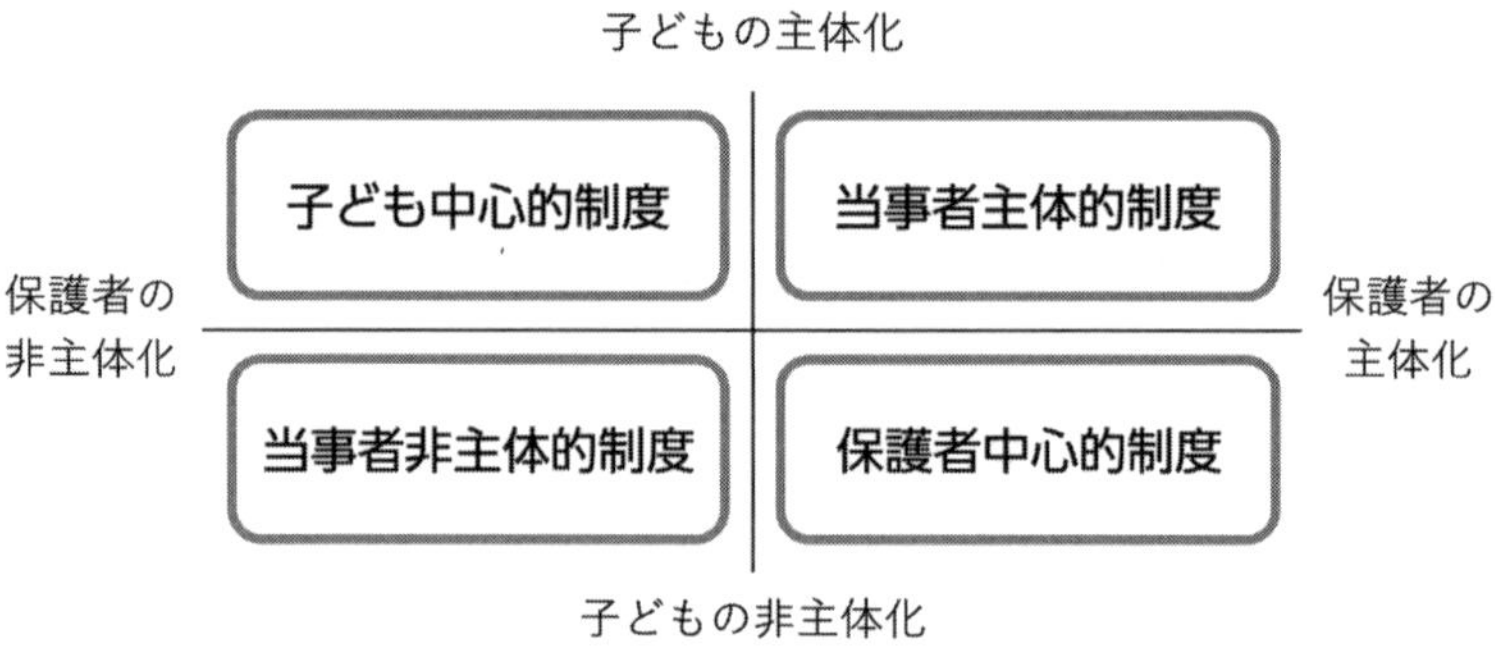

図表３-１　児童虐待対応制度の構造分析モデル（再掲）
出典：根岸（2013: 35）より一部修正。

は、以下の三点である。第一に、児童虐待対応法制度を対象とする場合、統計的手法に耐えうる事例数を確保することはおそらく困難である。しかし、QCAは小規模あるいは中規模の事例数も分析対象にできる方法であり、他の統計的手法をとることができない事例数にも対応できるためである（Rihoux and Ragin 2009=2016: 14-5）。第二に、キャリブレーションは三つの質的な区切り点、すなわち「完全な所属（full membership）［1］」・「完全な非所属（full non-membership）［0］」・「境界点（crossover point）［0・5］」を持っている（ibid: 110-7）。これらの質的な区切り点が、原点を境界点として、当事者が主体化され「参加」が保障されている領域とそうでない領域とが区別される「児童虐待対応制度の構造分析モデル」と適合的であるためである。そして、第三に、上述の質的な区切り点は、研究者によって論理的に設定され明示される点がある（ibid: 142）。この研究者によって論理的に設定されうる柔軟性と、その設定が明示される透明性の確保が、「参加」の権利の構成内容が将来にわたって変化し続けることに対応しうると考えるためである。

それでは、具体的な手続きを示そう。はじめに、「『参加』の権利リスト」の多くは基準1から構成されている。基準1には委員会の示す望ましいとされる要素も含まれるために、理想が多く含まれ、本リストを経験的に適用すれば実際の制度が獲得できる得点はかなり低くなると予想される。そこで、現実的な合格ラインとして、必要得点（境界点）と十分得点（完全な所属点）を設定する。必要得点とは「参加」を担保するために最低限必要であると考えられる得点、十分得点とは「参加」が十分に担保されていると考えられる得点である。

必要得点、十分得点、および各国の総得点は、キャリブレーション（calibration）を用いて、必要得点を0・5、十分得点を1、各国の総得点を0－1の間の数値に標準化する。これは、0・5が0－1の境界値であるため、0・5を必要最低限の必要得点とみなしたことによる。必要得点と十分得点は時代によって変化すると考えられるが、キャリブレーションではその時代に適当な必要得点・十分得点を設定することができる。なお、キャリブレーションは、各国の得点をXi、必要得点をXc、十分得点をXfとした場合、以下の一般式[10]で定義される（Ragin 2008: 90-1）。また、変換後の各国の値は、fsQCAの呼称に従いメンバーシップ得点という。

$$\text{Degree of membership}=\exp\left\{(X_i - X_c) \times \frac{\ln\Omega X_f}{X_f - X_c}\right\} \div \left[1+\exp\left\{(X_i - X_c) \times \frac{\ln\Omega X_f}{X_f - X_c}\right\}\right]$$

キャリブレーションは各国の保護者・子ども別の総得点を0‐1の間の得点に変換する。「児童虐待対応の構造分析モデル」では、二軸ともに、非主体化から主体化までを一つの軸としているため、非主体化を0、主体化を1と置き（よって原点の値は0・5）、各国の保護者にかんするメンバーシップ得点を横軸に、子どもにかんするメンバーシップ得点を縦軸にとれば、各国の位置が定まる。

4‐3　児童虐待対応制度の評価指標――『参加』の権利スケール」

以上、児童虐待対応制度を評価するための手続をまとめる。（1）児童虐待対応をいくつかのフェーズに分ける。（2）「『参加』の権利リスト」を基準に、各国の保護者・子ども別、フェーズ別に得点をつけ、合計する。（3）「参加」の権利における必要得点、十分得点を設定する。（4）各国の保護者・子ども別の総得点、必要得点、十分得点をfsQCAのキャリブレーションに設定し、各国の保護者・子ども別メンバーシップ得点を算出する。（5）「児童虐待対応制度の構造分析モデル」の原点をメンバーシップ得点0・5として、（4）で算出された各国の保護者・子ども別メンバーシップ得点を、保護者を横軸、子どもを縦軸にとり、各国の位置づけを決定する。この（1）から（5）までの手続きを「『参加』の権利スケール」と名付ける。

では、次章で「『参加』の権利スケール」の経験的適用を試みる。

■注

1　当事者という用語については、中西・上野の定義に倣い「ニーズの帰属する主体」（上野 2012: 68）の意味で使用する。児童虐待対応においてニーズは保護者と子どもにあると捉えられるため、この二者に限定して使用する。

2　例えば、日本においては私人間紛争への国家介入の方法・程度を定めた民法において「当事者間協議の前提」（水野 2010: 363-4）があり、イギリス民法における「親責任」においても、行政介入は被介入者である子どもの福祉が実現されたというエビデンスによってのみ、正当化されるとしている（Masson et al. 2008: 29）。また、アメリカ児童虐待対応における、行政に課されたリーズナブル・エフォーツ創設の背景もこれによる。

3　国家介入への批判的まなざしは、特にアメリカで顕著に観察されている。Walad（1975）や野瀬（2003）などが整理している一九七〇年代半ば以降の批判においても、子どもの分離されない権利の視点から、国家介入が子どもの利益に反するとの批判がなされている。

4　具体的には、アメリカにおける一九七〇年代半ば以降の政策批判（Walad 1975: 985; 野瀬 2003: 614-5）、フランスにおける一三世紀以降の親権に対する社会介入のあり方にかんする議論（田中 1987a,b; 河合 2001 など）、スウェーデンにおける一九五〇年代以降の体罰にかんする議論（Olsson Hort 1997: 108-9; Lundstrom 2001: 357）に、親とは独立した子どもの自律を主張する動きが認められる。

5　本モデルの名称を「児童虐待対応法制度の構造分析モデル」としないのは、本モデルが法制度のみならず、児童虐待対応の全般に渡って適用が可能と考えるためである。

6　既述のとおり、日本の児童虐待対応においては、保護者に直接命令し、児相の決定を担保する役割が裁判所に期待されてきたが、法学者の吉田恒雄や日本弁護士連合会子どもの権利委員会事務局次長（当時）の浜田真樹は、司法の役割は被介入者の権利保障であると述べている（吉田 2002; 社会保障審議会児童部会新たな子ども家庭福祉のあり方に関する専門委員会新たな児童虐待防止システム構築検討ワーキンググループ（第二回〕議事録 2015）。

7 二〇二四年一月現在、権利条約の締約国・地域は一九六であり、未締約国はアメリカのみである（Unicef HP）。

8 なお、締約国にみられる制度については、基準1でカバーしている。

9 代理による意見表明権の擁護については、成人に対しても「援助つきの自律」という概念が提唱されている（菅 2010）。「援助つきの自律」は、判断能力が不十分であるとされる成人を対象に議論されるが、勢力関係において劣位にある者にも援用可能だろう。

10 これは $Xi>Xc$ の場合の一般式である。$Xi<Xc$ の場合は、fn を Xn とおくとすると、

$$\text{Degree of membership}=\exp\left\{(Xi-Xc)\times\frac{\ln\Omega Xn}{Xc-Xn}\right\}\div\left[1+\exp\left\{(Xi-Xc)\times\frac{\ln\Omega Xn}{Xc-Xn}\right\}\right]$$

となる。

第4章

日本の児童虐待対応法制度の特徴
――「『参加』の権利スケール」の適用

1　本章の目的

本章では「『参加』の権利スケール」を経験的に適用して、現在の日本の児童虐待対応法制度の評価をおこなう。

2　分析対象、フェーズの設定、必要得点・十分得点の設定

2-1　分析対象

日本の法制度を評価するにあたり、アメリカ、フランス、スウェーデンの三ヶ国との比較をおこな

図表4-1　Gilbert(1997)とPringle(1998)の分類結果

研究者名	グループ1	グループ2	グループ3	グループ4	グループ5
Gilbert (1997)	アメリカ カナダ イギリス	ドイツ ベルギー オランダ	スウェーデン デンマーク フィンランド		
Pringle (1998)	イギリス	ドイツ フランス	スウェーデン デンマーク フィンランド	ギリシャ アイルランド イタリア ポルトガル スペイン	ハンガリー チェコ ブルガリア ルーマニア

出典：Gilbert(1997)、Pringle(1998)をもとに筆者作成。

う。これは、比較することにより、日本の評価をより明確に認識することができると考えるためである。なお、比較国の選定手続きは以下のとおりである。

はじめに、各国の制度を包括的に分類したGilbert（1997）とPringle（1998）の結果を確認すると、図表4-1のようになる。つぎに、この三ないし五の各類型から、資料の入手可能性を考慮して一ヶ国ずつ採用した。すなわち、グループ1からアメリカ、グループ2からフランス、グループ3からスウェーデンである。なお、グループ4と5、および文化圏の側面から中国・韓国・台湾のいずれかを採用することも考えたが、資料の入手可能性から、今回は対象から除外した。

分析対象は各国の児童虐待対応で用いられる最も中核的な法律とする[1]。具体的には、日本は児福法と二〇〇〇年虐防法、アメリカ[2]は児童福祉法と少年裁判法[3]、フランスは社会福祉家族法（以下、社家）と民法、スウェーデンは社会サービス法（以下、SoL）と青少年の保護に関する特別規定を定める法律（以下、LVU）である。

2-2　フェーズ設定

児童虐待対応過程のフェーズは、以下の四つに分ける。緊急・強制一時保護、一定期間の措置を想定した同意に基づく処遇開始時、処遇期間中、処遇終了時である。

2-3　必要得点・十分得点の設定

本研究で設定した必要得点は一三、十分得点は二九である。必要得点・十分得点として採択した項目は図表4-2に○で示した項目であり、一項目あたり一点で算出した。

必要得点・十分得点の選択基準は、必要得点が「他の項目では代替できず『参加』の実現ために優先されるべき項目のうち、最低限必要だと考えられる項目」、十分得点が「他の項目では代替できず『参加』の実現のために優先されるべき項目」である。

2-3-1　「I情報提供にかんする権利」における選定

はじめに、「I情報提供にかんする権利」から確認する。「①権利のあることを周知される権利」は、すべての「参加」の権利行使の際の前提となる項目であり、他のものでは代替できない。なぜなら、自らに権利のあることを知らなければ、その権利を行使しようと思い立つことが不可能だからである。なお、対応の開始にかかわる二つのフェーズでの当該権利の保障が、対応後半の二つのフェーズでのそれを代替できるため、対応開始にかかわる二つのフェーズでの当該権利を必要得点の項目として選

図表4-2　必要得点・十分得点

フェーズ「参加」の権利		緊急・強制一時保護		処遇開始時		処遇期間中		処遇終了時	
		必要	十分	必要	十分	必要	十分	必要	十分
Ⅰ情報提供	①権利のあることを周知される権利	○	○	○	○		○		○
	②権利について周知しない理由の報告・記載								
	③対応内容を周知される権利	○	○		○		○		○
	④対応内容を周知しない理由の報告。記載								
	⑤家族の状況にかんする情報の提供を受ける権利								
	⑥家族の状況について周知しない理由の報告・記載								
	⑦周知されない権利								
Ⅱ出席	⑧出席する権利								
	⑨出席させない理由の報告・記載								
	⑩出席しない権利								
Ⅲ意見表明	⑪意見を表明する権利			○	○	○	○	○	○
	⑫意見表明させない理由の報告・記載								
	⑬意見表明しない権利								
	⑭同意する権利								
	⑮同意を求めない理由の報告・記載								
	⑯同意しない権利								
Ⅳ「参加」を促進する環境	⑰意見を尊重される権利				○		○		○
	⑱意見を尊重しない理由の報告・記載								
	⑲分かりやすいツールを使用してもらう権利		○		○		○		○
	⑳繰り返し聴取されない権利								
	㉑繰り返し聴取されない権利を認めない理由								
	㉒司法へアクセスできる権利	○	○			○	○	○	○
	㉓司法へアクセスさせない理由の報告・記載								
	㉔苦情申し立てシステムを利用できる権利								
	㉕苦情申し立てシステムを使用させない理由								
	㉖安心して意見表明できる環境の権利				○		○		○
Ⅴ代理	㉗代理人をつける権利	○	○	○	○	○	○	○	○
	㉘代理人を認めない理由の報告								
	㉙代理人をつけない権利								
	㉚裁判所に代理人を任命してもらう権利								
	㉛任命しない理由の報告・記載								
	㉜代理人等の訓練		○						
	㉝当事者団体の有無								

注：「必要」に「○」印のあるものを必要得点、「十分」に「○」印のあるものを十分得点としてカウントする。各1点。
出典：根岸(2015: 37)。

定する。対応後半にあたる処遇期間中・処遇終了時については、十分得点とする。また、「②権利について周知しない理由の報告・記載」は、「①権利のあることを周知される権利」が保障されて初めて意味をもつ項目であり、優先順位は低くなるため、必要得点・十分得点には含めない。以降の各「しない理由の報告・記載」も同様とする。

「③対応内容を周知される権利」もまた、他に代替できないものであり、各人が意見を構成する際に必要不可欠なものである。なぜなら、状況がわからない状態でおこなわれた判断は、正確には本人の意向を反映していないと考えられるためである。なお、決定される／た対応内容については、「⑪意見を表明する権利」が保障されることで、当事者本人が意見表明権を行使して尋ねることは可能である。しかし、支援者との間の勢力不均衡を考慮すれば、それがいつでも可能とはいえず、「⑪意見を表明する権利」で十分に代替されるとはいえない。以上より、「対応内容を周知される権利」は、「⑪意見を表明する権利」の行使の為に必要不可欠で他に代替されないが、代替される可能性もあることから、四つのフェーズにおける十分得点として設定する。なお、「緊急・強制一時保護」においては、当事者の認識やプライバシーの権利に優先して行政の最大の権限が発揮されることになるため、「㉒司法にアクセスする権利」の保障とともに、当該権利の保障も最低限必要だと考えられる。なぜなら、行政の権限が当事者の権利に優先するとしても、何がおこなわれているのかということについては、今日の人権の観点から、最低限知らされるべきと考えるためである。このため、「緊急・強制一時保護」のフェーズについては、必要得点としても当該権利を採択する。

「⑤家族の状況にかんする情報の提供を受ける権利」は、「対応内容を周知される権利」で代替できるため、いずれのフェーズにおける必要得点・十分得点にも設定しない。また、「⑦周知されない権利」も、「⑪意見を表明する権利」の保障によって実質的には周知される権利を放棄することで代替できるため、必要得点・十分得点を構成する項目には含めない。以降の各「しない権利」も同様とする。

2-3-2　「Ⅱ出席にかんする権利」における選定

つぎに、「Ⅱ出席にかんする権利」について確認する。「⑧出席する権利」は、「③対応内容を周知される権利」が保障されれば、「出席する権利」の行使で得られる利益は満たされる。そのため、必要得点・十分得点の項目には含めない。

2-3-3　「Ⅲ意見表明にかんする権利」における選定

続けて、「Ⅲ意見表明にかんする権利」を確認する。「⑪意見を表明する権利」は、他の項目では代替できず、「参加」のために最低限必要な項目である。なぜなら、対話をベースとする「参加」において、「⑪意見を表明する権利」が保障されなければ、対話そのものが成立しないためである。また、対応の過程で当事者の心身の状況が変化することは想像に難くなく、措置内容にも変更があるため、対応後期の過程でも保障される必要がある。なお、「緊急・強制一時保護」においては、当事者の意見や認識に行政の権限が優先されるため、当該権利は「㉒司法にアクセスする権利」によって代替される。したがって、「⑪意見を表明する権利」は、「緊急・強制一時保護」を除く三つのフェーズにおいて、必要得点・十分得点の項目に含める。

「Ⅲ意見表明にかんする権利」を構成するもう一つの権利「⑭同意する権利」は、「⑪意見を表明する権利」が代替できるため、必要得点・十分得点を構成する項目には含めない。

2-3-4　「Ⅳ『参加』を促進する環境にかんする権利」における選定

では、四つめのカテゴリ「Ⅳ意見表明を促進する環境にかんする権利」についてみてみる。「⑰意見を尊重してもらう権利」は、「参加」の実質的保障に必要な権利であり、他の項目では代替されない。しかし、「⑪意見を表明する権利」が保障されて初めて意味を持つ項目であるため、十分得点を構成する項目として採択する。対応フェーズは、「⑪意見を表明する権利」と同様、「緊急・強制一時保護」を除く三つのフェーズとする。

「⑲分かりやすいツールを使用してもらう権利」は、「③対応内容を周知される権利」の実質を担保するために必要なものである。当該権利は「⑪意見を表明する権利」が保障されることにより、理解しきれないところは繰り返し質問するなどして代替される部分もあるが、そもそも言語能力に限界がある場合（年齢や知的能力、外国語や手話を母語とする場合など）には意見表明権だけでは対応しきれない。このため、「③対応内容を周知される権利」に対応した四つのフェーズの十分得点を構成する項目として採用する。

続いて、「⑳繰り返し聴取されない権利」は、二次被害を防止するためには重要な項目であるが、「⑪意見を表明する権利」で拒否の意向を示すことにより代替が可能であることから、必要得点・十分得点には採用しない。

さて、「㉒司法へアクセスできる権利」は、不服申立をするために必要な権利である。大人と子ども、専門家と非専門家という勢力不均衡が生じやすいなかでおこなわれた決定に対し、第三者である司法の介入を仰ぐことは、当事者の権利擁護のためには欠かすことができない。そして、当該権利は、介入機関と同じ行政が担うことも多い「㉔苦情申し立てシステムを利用できる権利」では独立性の観点から代替されず、反対に「㉔苦情申し立てシステムを利用できる権利」を代替できる。以上より、「㉒司法へアクセスできる権利」を必要得点・十分得点の項目に採用し、「㉔苦情申し立てシステムを利用できる権利」はこれに含めない。ただし、「処遇開始時」のフェーズにおいては、同意が前提であり司法関与はそもそも必要とされないため、同フェーズの「㉒司法へアクセスできる権利」は必要得点・十分得点の項目に含めない。

「㉖安心して意見表明できる環境が与えられる権利」もまた、「⑪意見を表明する権利」の実質的担保に必要な項目であるが、「㉗代理人をつける権利」の保障によって代替が可能な部分もある。しかし、代理人が代理人であるためには、当事者自身が意見を表明できる場がなければならず、「㉖安心して意見表明できる環境が与えられる権利」が全て「㉗代理人をつける権利」で代替できるわけではない。このため、当該権利は、「⑪意見を表明する権利」と同じ三つのフェーズにおいて、十分得点を構成するものとして採用する。

2-3-5 「V代理にかんする権利」における選定

最後に、「V代理にかんする権利」を確認する。「㉗代理人をつける権利」は他の項目では代替されず、当該権利が保障されることで、「⑪意見を表明する権利」がうまく行使できない場合にこれを助けることが可能となる。しかし、あくまで当事者本人ではないため、当事者の「⑪意見を表明する権利」を代替することはできず、「⑪意見を表明する権利」が必要得点・十分得点の項目として採用されることに変更はない。また、「㉗代理人をつける権利」は、司法アクセスの実質的担保にも必要不可欠である。このため、「㉗代理人をつける権利」も全てのフェーズで必要得点・十分得点の項目に含める。「㉚裁判所に代理人を任命してもらう権利」は、「㉗代理人をつける権利」で代替可能であるため、必要得点・十分得点に含めない。

さて、「㉜代理人等の訓練」については、他に代替されず、代理人による「⑪意見を表明する権利」や「⑰意見を尊重される権利」の適切なサポートのために必要なものである。しかし、「⑪意見を表明する権利」や「⑰意見を尊重される権利」の保障が当該項目に優先されなければ意義を失うため、「㉜代理人等の訓練」は十分得点として採用する。

最後に、「㉝当事者団体の有無」であるが、これは勢力の不均衡性の是正のためには必要なものである。しかし、これが当事者の今ここの「参加」の実現に直接必要とされるものではないため、必要得点・十分得点には採用しない。

以上のとおり、必要得点・十分得点を構成する権利項目を選定した。必要得点・十分得点にどの項目を採択するかは、最終的には研究者や時代に依存する。このことは、本手続きが一般性の低いものであるということよりはむしろ、当事者の「参加」を実現するために特に優先して保障すべき権利は何かという議論を開く契機となるものである。

3　分析と結果

3-1　各国の法律への『参加』の権利リスト」の適用

では、「『参加』の権利リスト」を、四つのフェーズにおける各国の法律に照らし合わせてみる。結果は、図表4-3および資料2である。

図表4-3は、子どもにかんする第一フェーズ「緊急・強制一時保護」の結果であり、子どもの第二フェーズから第四フェーズまでの結果と、保護者の第一フェーズから第四フェーズまでの結果は、資料編の資料2に収録している。なお、アメリカの結果は、代表としてコロンビア特別区の情報を掲載する。表中○は各国の条文が「しなければならない」等の義務にあたる表記、△はそれ以外の強制力を持たない表記または条文に制限内容が含まれる場合を示している。

図表4-3 【緊急・強制一時保護】(第1フェーズ)の「参加」の権利にかんする法規定(子ども)

「参加」の権利		日本	アメリカコロンビア特別区	フランス	スウェーデン
Ⅰ情報提供	①権利のあることを周知される権利		○2-16-23-1-2312(c)		○LVU35
	②権利について周知しない理由の報告・記載				
	③対応内容を周知される権利				○LVU1-6
	④対応内容を周知しない理由の報告。記載				
	⑤家族の状況にかんする情報の提供を受ける権利		○2-16-23-1-2312(b)		○LVU1-6
	⑥家族の状況について周知しない理由の報告・記載				
	⑦周知されない権利				
Ⅱ出席	⑧出席する権利	△児福8-6、33-5	○2-16-23-1-2312(c)		
	⑨出席させない理由の報告・記載				
	⑩出席しない権利				
Ⅲ意見表明	⑪意見を表明する権利	△児福8-6、33-5	○2-16-23-1-2312(c)	○社家223-4	
	⑫意見表明させない理由の報告・記載				
	⑬意見表明しない権利		○2-16-23-1-2312(c)		
	⑭同意する権利				
	⑮同意を求めない理由の報告・記載				
	⑯同意しない権利				
Ⅳ「参加」を促進する環境	⑰意見を尊重される権利	△児福2			
	⑱意見を尊重しない理由の報告・記載				
	⑲分かりやすいツールを使用してもらう権利				
	⑳繰り返し聴取されない権利				
	㉑繰り返し聴取されない権利を認めない理由				
	㉒司法へアクセスできる権利				△LVU41-1,2
	㉓司法へアクセスさせない理由の報告・記載				
	㉔苦情申し立てシステムを利用できる権利				
	㉕苦情申し立てシステムを使用させない理由				
	㉖安心して意見表明できる環境の権利				
Ⅴ代理	㉗代理人をつける権利		○2-16-23-1-2304(a)		○LVU39
	㉘代理人を認めない理由の報告				
	㉙代理人をつけない権利				
	㉚裁判所に代理人を任命してもらう権利		○2-16-23-1-2312(a)(1)(A)(1)		○LVU39-3
	㉛任命しない理由の報告・記載				
	㉜代理人等の訓練	○虐防4-2、4-3			
	㉝当事者団体の有無				

注1:数字は条項数(例。虐防4-2…児童虐待防止法第4条2項)。アメリカは各法律をタイトル数で管理しているため、法律名を省略しタイトル数からの表記としている。
注2:各国の法律は、日本、フランス、スウェーデンが2017年7月9日現在、アメリカは2015年7月23日現在。
出典:根岸(2018: 47)。

3-2　各国の児童虐待対応法制度の総合評価

各フェーズの各国の法律について、○を一点、△を〇・五点で加点すると、子どもの得点、保護者の得点は、つぎのようになった（図表4-4）。

「緊急・強制一時保護」（第一フェーズ）における各国の子どもの得点は、日本が二・五点、アメリカは四九州とコロンビア特別区の得点の平均で（以下、同じ）四・一点、フランスは一・〇点、スウェーデンは四・五点であり、保護者の得点は、日本が一・五点、アメリカは五・〇三点、フランスは三・〇点、スウェーデンは三・五点である。

次に、「同意に基づく処遇開始時」（第二フェーズ）の各国の子どもの得点は、日本が二・〇点、アメリカは三・七一点、フランスは四・〇点、スウェーデンは七・五点であり、保護者の得点は、日本が三・〇点、アメリカは五・一五点、フランスは五・〇点、スウェーデンは五・五点である。

「処遇期間中」（第三フェーズ）の各国の子どもの得点は、日本が〇・五点、アメリカは三・三四点、フランスは二・五点、スウェーデンは三・五点であり、保護者の得点は、日本が〇・五点、アメリカは四・〇五点、フランスは三・〇点、スウェーデンは〇・〇点である。

最後に、「処遇終了時」（第四フェーズ）の各国の子どもの得点は、日本が〇・五点、アメリカは三・二五点、フランスは〇・五点、スウェーデンは五・〇点であり、保護者の得点は、日本が一・〇点、アメリカは三・五七点、フランスは一・〇点、スウェーデンは二・〇点である。

以上の四つのフェーズごとの各国の子どもと保護者の得点を各々総合すると、子どもの総合得点

図表 4-4　各国の子ども・保護者別「『参加』の権利得点」と「『参加』の権利リスト」に占める割合

「参加」の権利得点	緊急・強制一時保護		処遇開始時		処遇期間中		処遇終了時		総合得点		メンバーシップ得点	
	子	保護者	子	保護者	子	保護者	子	保護者	子	保護者	子	保護者
日本	2.5	1.5	2.0	3.0	0.5	0.5	0.5	1.0	5.5	6.0	0.15	0.17
アメリカ	4.10	5.03	3.71	5.15	3.34	4.05	3.25	3.57	14.40	17.80	0.57	0.71
フランス	1.0	3.0	4.0	5.0	2.5	3.0	0.5	1.0	3.0	12.0	0.24	0.44
スウェーデン	4.5	3.5	7.5	5.5	3.5	0.0	5.0	2.0	20.5	11.0	0.80	0.39

注 1：アメリカの各フェーズの値および総合得点は対象の 50 地区の平均値。全て小数点以下第 2 位で割切れている。
注 2：アメリカを含め、各国の総合得点の値は全て小数点以下第 2 位を四捨五入している。
出典：根岸（2018: 48）。

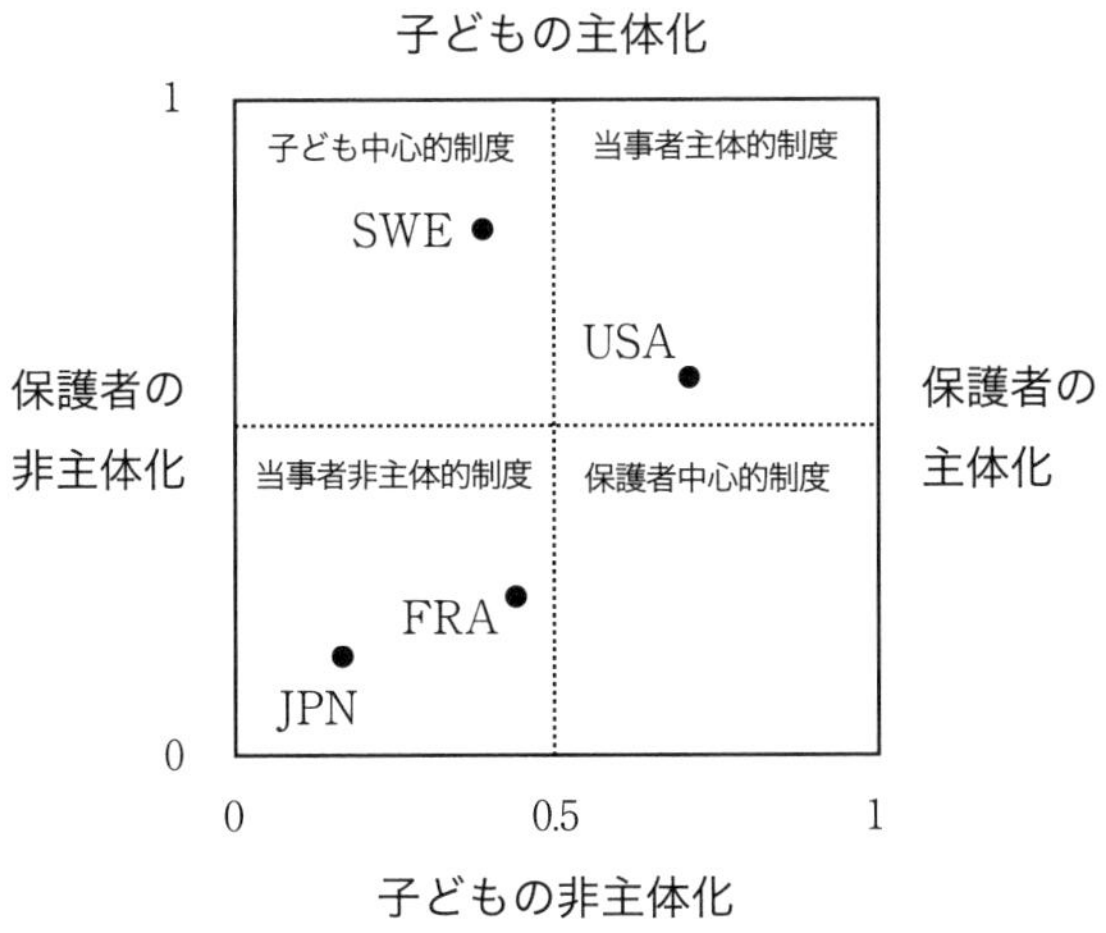

図表 4-5　日本と 3 つの比較国の児童虐待対応法制度の評価

注：JPN は日本、USA はアメリカ、FRA はフランス、SWE はスウェーデンを指す。
出典：根岸（2018: 49）。

は、日本が五・五点、アメリカが一四・四〇点、フランスが八・〇点、スウェーデンが二〇・五点である。また、保護者の総合得点は、日本が六・〇点、アメリカが一七・八〇点、フランスが一二・〇点、スウェーデンが一一・〇点であった。これらに対し、必要得点を一三点、十分得点を二九点と設定してメンバーシップ得点に標準化すると[4]、子どものメンバーシップ得点は、日本が〇・一五、アメリカは〇・五七、フランスが〇・二四、スウェーデンは〇・八〇であり、保護者については、日本が〇・一七、アメリカは〇・七一、フランスは〇・四四、スウェーデンが〇・三九であった。

さて、図表4-4の各国のメンバーシップ得点を、〇・五を原点として子どもの得点を縦軸に、保護者の得点を横軸にとり、「児童虐待対応制度の構造分析モデル」に適用した結果が図表4-5である。四ヶ国は各々、日本とフランスが「当事者非主体的制度」に、アメリカは「当事者主体的制度」、スウェーデンは「子ども中心的制度」に位置づけられた。なお、日本とフランスは同じ「当事者非主体的制度」ではあるが、日本のほうが深い位置にある。この結果から、日本の児童虐待対応法制度は、他の三ヶ国と比べて、子どもと保護者双方の「参加」の機会が制限された制度であると結論づけられる。

4　各国の児童虐待対応法制度に対する評価の意味

各国制度の位置づけの差異には、いくつかの解釈が可能である。一つは、各国の児童虐待対応に対する理解の相違が考えられる。児童虐待対応に対する理解は、大まかには、「対応とは保護である」

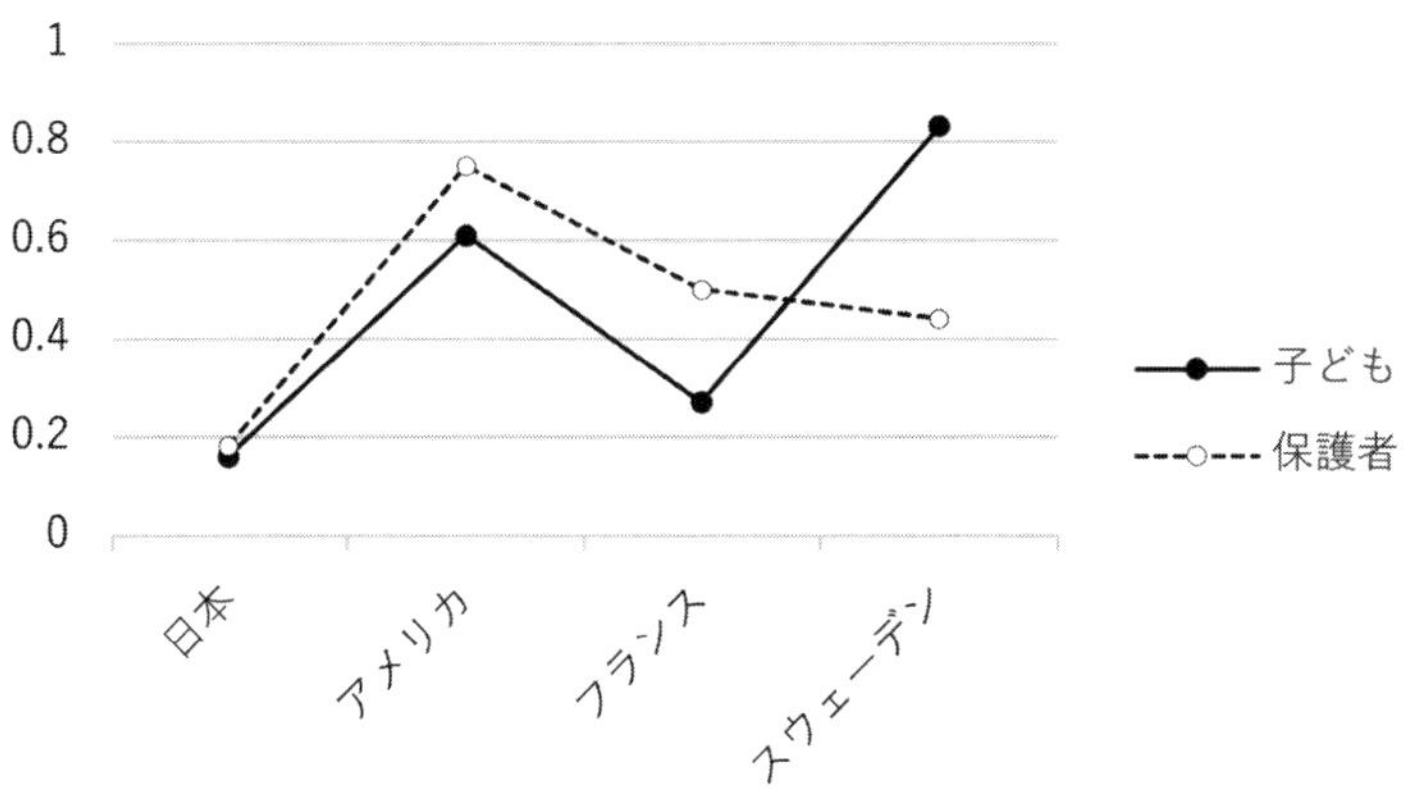

図表 4-6 「『参加』の権利リスト」全項目に占める国別の子ども保護者のメンバーシップ得点
出典：根岸（2018: 51)。

とみなすか、「対応とは家族支援である」とみなすかに分かれる[5]。「保護である」と理解するならば、理論上は、当事者「参加」の機会は取り入れなくてもよいことになる。なぜなら、「保護」は当事者の行動や選好を制限することが正当化される価値であるからだ。一方、「家族支援である」と理解するならば、この要となる当事者「参加」の機会は取り入れざるをえないことになる。なぜなら、支援とはあくまで当事者をエンパワメントするものであるため、エンパワメントする対象である当事者の主体性を抜きに構成することはできないからである。

「当事者非主体的制度」に位置づく日本とフランスは、児童虐待対応を、子どもにとっても「保護」、保護者にとっても「保護」、すなわちGilbertの言を借りれば逸脱家庭からの子どもの保護と理解していると考えられる。「子ども中心的制度」のスウェーデンは、子どもにとっては「家族支援」、保護者にとっては「保護」と、そして「当事者主体的制度」に位置づくアメリカは、子どもにとっても保護者にとっても「家族支援」と理解しているとみることができる。

あるいは、別の児童虐待および児童虐待対応の理解による解釈もあげられる。「虐待とは保護者の問題であり、虐待対応とは保護者の認知や行動の変容に対する支援である」と理解するか、「虐待とは子どもの人生の一部であり、虐待対応とは子どもの人生設計に対する支援である」と理解するかの差である。各国がどちらの理解を重視しているのかは、子どもと保護者のメンバーシップ得点の差からみることができる（図表4－6）。日本、アメリカ、フランスは保護者の得点の方が高くなっている[6]。これは子どもより保護者の「参加」や主体性を重視していることを示しており、虐待を保護者の問題と、虐待対応を保護者の認知・行動の変容に対する支援と理解していると考えられる。一方、スウェーデンは子どもの得点の方が高くなっており、保護者より子どもの「参加」や主体性を重視していることを示している。すなわち、スウェーデンは虐待を子どもの人生の一部として捉えており、虐待対応を子どもの人生設計への支援と理解していると考えることができる。

以上より、日本の制度は、児童虐待対応を強く保護と意味づけ、虐待や虐待対応を子どもの人生の一部と捉える側面が弱い制度であると解釈できる。

5　小括

本章では、日本を含む四ヶ国を対象に「『参加』の権利スケール」を適用し、日本の児童虐待対応法制度を評価した。その結果、日本の法制度は、子どもと保護者双方の「参加」が制限された制度であることが明らかになった。また、各国の制度のあり方の差を、児童虐待とその対応に対する理解の違いにあると考えるならば、日本の法制度は、児童虐待対応を保護と強く意味づけ、虐待や虐待対応を子どもの人生の一部と捉える側面が弱い制度だと解釈することができる。

前章と本章からなる第2部で、本研究の第一の研究小課題である、各国の法制度全体を明確に矛盾なく評価できる評価指標の構築と、これを用いた日本の法制度の評価をおこなった。本指標は、児童虐待対応の定義から構成された「児童虐待対応制度の構造分析モデル」を骨格に、「参加」の定義、権利委員会の文書、未締約国アメリカの制度、そして先行研究から構成された「『参加』の権利リスト」を用いて各国の法制度を数値化する。この手続きによって、先行研究の限界であった指標の根拠が明らかとなり、各国の位置づけの説明も明確にできる。例えば、Gilbert ら（1997）でみられた、アメリカとスウェーデンの分類と実際の両国の持つ法規定との間の矛盾も、本指標を用いれば克服することができる。なぜなら、一つ一つの法規定の積み重ねによって、当該国の位置づけを決定するようデザインされているからである。このことは、本指標が各国の法制度の改正にも耐えうることを示している。また、本指標では、先行研究で分析対象とされていた行政介入のみならず、司法や保健、NPO等も分析に含めることができ、法制度全体を含めた分析が可能である。こうして、高田（2012a）では限定的にしか扱えていなかった日本の法制度の評価も、法制度全体を視野に入れた上でおこなうことができるようになっている。

さらに、「児童虐待対応制度の構造分析モデル」を構築したことにより、先行研究の各指摘の関連を整理することも容易になった。例えば、行政介入の制限を求める提言（許斐 1994 など）や保護者・子どもの適正手続の必要性の指摘（吉田 1992 など）は、当事者の主体化を指向するものであり、関係機関の連携強化（波田埜 2008 など）は保護・介入を指向するものと整理できる。また、篠原（2015）が発表した保護者の「児相の落ち度をチェックする機能がないこと」（篠原 2015: 21）の指摘と、行政介入に対する制限規定の必要性は、同様に当事者の主体化を指向するものといえる。こうして、先行研究の限界は克服される。

さて、本章で日本の現行の法制度の特徴は捕捉されたが、その適不適の評価は未だ明らかではない。なぜなら、現在の制度のあり方と望ましい制度のあり方とは別のものであり、本章を含む第2部では、望ましい制度の検討はなされていないからである。したがって、日本が位置づく「当事者非主体的制度」が最も望ましい制度である可能性もあり、その場合には、日本の法制度のあり方を変える必要はないということになる。

それでは、望ましい制度とはどのような制度であるのか。続く第3部で理論と経験的研究の二つの側面から考察を試みる。

■注

1 親権の停止・剥奪等派生的に適用される法律、および各国で拘束力の大きさに差のある政令等は分析対象外とする。

2 本研究の分析には四九州とコロンビア特別区（District of Colombia）が対象となっている。準州と、州法が入手できなかったColorado州は分析対象外とした。

3 アメリカは少年裁判所がよく活用される国であり、措置決定まで被虐待児と非行児を区別しない州も多い。誤解を避けるため、原語では少年法であっても少年裁判法と表記した。

4 例えば、日本の子どものメンバーシップ得点は、以下の式で求められる。

Degree of membership = exp｛(5.5-13)＊lnΩ0/(13-0)｝÷[1+ exp｛(5.5-13)＊lnΩ0/(13-0)｝]

また、日本とは異なり、総合得点が必要得点より高かったスウェーデンの子どものメンバーシップ得点は、以下の式で求められる。

Degree of membership = exp｛(20.5-13)＊lnΩ29/(29-13)｝÷[1+ exp｛(20.5-13)＊lnΩ29/(29-13)｝]

5 この二分化された理解は、Gilbert（1997）をはじめ、日本の現在の実践の場にも広く共有されている（例えば、鈴木 2007）。言うまでもなく、実際の制度にはこのどちらもが含まれているが、どちらの傾向が強く働くかによって、各国の制度に差が生じるものと考えられる。

6 従前の制度に比べ、日本の法制度で子どもと保護者との間の差が狭まったのは、二〇一六年の児福法改正で、第二条に子どもの表明された意見の尊重が規定されたことが大きい。

第３部　被虐待児にとっての望ましい制度とは

第5章

理論的側面からの検討
――パレンス・パトリエ思想とパターナリズム論から

1　本章の目的

第2部において、日本の児童虐待対応法制度は、欧米各国の法制度に比べて当事者、特に被虐待児の主体化が低く抑えられた制度であるとの結果を得た。この結果は、単に各国の法制度の特徴を示したにすぎず、各国の制度の望ましさといった評価を示すものではない。そこで、第3部では、日本の児童虐待対応法制度としてどのような制度が望ましいのかを検討する。まず、本章で理論的側面として主にパターナリズム論から検討し、続く6章と7章では経験的側面として被虐待児の被介入経験から検討をおこなう。

なお、第3部において、介入と干渉という用語は互換的に用いる。介入は児童虐待対応研究において、干渉はパターナリズム論において一般に使用される語であるが、いずれもある人が別のある人の自由意志（決定や行動を含む）に関与しようと意図する行為を指すことから、これら二つは互換的に、各々の文脈に合わせて使用する。

2　国家による児童虐待対応とパレンス・パトリエ思想

既述のとおり、いくつかの国において、養育を理由とする家族介入は社会防衛から始まった。それは、「不適切に育てられた」子どもが犯す様々な犯罪から社会を守ろうとするものであった。それは非行児への対応の始まりでもあっただろうが、例えばアメリカでは保護者の扶養能力の不足が介入要件だったために、しばしば貧困家庭から子どもが取り上げられる事態が起きていた（McMullen 1992: 575）。このような家族介入のあり方は今日のネグレクトによる介入に共通する。

そもそも子どもを誰に属すると考えるか（親か国家か）、という論点には、残念ながら本書に答える用意はないが、第三者、特に国家が家族の養育に介入できる理由は何であろうか。本書の射程である児童虐待を中心に考えた場合、家族への介入は、今日の少年司法でも基礎の一つとなっているパレンス・パトリエ思想（国親思想）から検討が可能かもしれない。

パレンス・パトリエ思想とは、イギリス発祥の思想で、国王（国家）が親に代わって子どもに保護を与えるというものである。このパレンス・パトリエに関し、Weber（1947）は以下のように述べる。

家父長制的家産制は、制度じしんのためにも、また、臣民のためにも、臣民の「福祉」の後見人として制度の正当化をおこなわざるをえない。「福祉国家」こそ家産制の神話なのであり、それは、誠実を誓いあった自由な同輩関係から生まれてきたものではなく、父と子のあいだの権威主義的な関係から発するものである。まさに、「国親」("Landesvater")というのが、家産制国家の理想である。したがって、家父長制は、特殊な「社会政策」のにない手となるばあいがあるし、また、家父長制のがわに大衆の好意を確保しなければならないような理由があきらかにみとめられるときには、いかなるばあいでも、社会政策のにない手となってきたのである(Weber 1947, 荘子 1972 の訳による)。

Weber (1947) によれば、パレンス・パトリエは家父長的家産制の理想であり、父と子の間の権威主義的な関係から発する福祉国家に親和的であるという。そして、「子どもの望みを叶えてやる場合には、父親は法学上の形式的な諸原理の束縛を受けないばかりでなく、望みを叶える仕方についても、きちんとした諸形式を守るということはない」ため、「すべての君主的家父長制に固有なものは、法学的な小理くつとか法学的な形式主義から完全に決別して実質的な正義を目指す司法をもとめることにある」という。

Weber を引きながら少年司法におけるパレンス・パトリエ思想を検討した荘子 (1972) は、「形式主義からの解放」が極端に推し進められれば、裁判が「管理」に変質する危険を伴うと指摘する(荘子 1972: 263)。これは、形式主義であれば、子どもにも平等にデュー・プロセス(適正手続)を保障するのだが、パレンス・パトリエ思想、すなわち家父長制的家産制を基礎とする手続きによるならば、「形式的な諸原理の束縛を受けない」ために、「パレンス・パトリエ(国親)」の「良心」に従うことが要請されるためである。

保護者が子どもに適切なケアを提供できない場合に、国が代わって保護を与える。その根幹と構造は、児童虐待への介入も共有する。そして、この国による保護を謳うパレンス・パトリエ思想においては、国親の良心の正しさが前提とされ、子どもが異を唱えることは想定されていない。このような国と子どもとの関係性は、パターナリズム論にも接続する。

3 パレンス・パトリエ思想とパターナリズム論

社会防衛から始まり、「家族に代わって子どもを保護・養育する」家族の養育への国家介入を是としてきた児童虐待対応は、やがて子どもの福祉の保障という概念を取り込み、これを目的とする強権的介入と家族の自律性の主張との間で大きく揺れながら発展してきた。児童虐待対応法制度の理論的検討においても、児童虐待への対応を私的領域への公的権力の介入とみて、家族の自律性の観点から検討がなされてきた(例えば、吉田 1992; 上野 1996: 33-42; 原田 2006; 水野 2010)。

アメリカの制度を対象とする研究においては、前提として、家族の子育ての自律性は極力担保される必要があるとされる。なぜなら、家族が最も子どもの利益を促進できるものであり、また、再生産によって社会の価値多元性が保障されると考えるからである（Note 1980: 1214-6）。しかし、家族が子どもを適切に育てる責任を果たせず、子どもの福祉が守られていないと判断される場合には、社会介入が正当化される。そして、このような社会介入は子どもの利益になるとされている（原田 2006: 229）。そのように考える背景にパレンス・パトリエ思想が垣間見える。また、日本の制度を対象とする研究においては、家族とは親権による家族自治の領域であり、この領域には保護者・子ども相互の養育する／される権利があるとされる。児童虐待を理由とした社会の介入は、この領域や権利への干渉・制限であるが、親権が子どもの福祉のための義務であるとの理解から、この義務が果たされていない場合には社会介入が正当化されるという（例えば、吉田 1992; 水野 2010）。つまり、どの国を対象にしても、このような家族の自律性の観点からの検討においては、児童虐待対応は、保護者のケアが子どもの福祉を侵害している場合に、子どもの利益を守るため、正当化される介入だと結論づけられている。換言すれば、子どもの福祉への侵害を理由に、子どもの利益の保全を目的として、児童虐待対応は正当化されるとされる。

この侵害を理由とする介入の正当化について、その一般的な理解においては疑問も呈されている。Lee（1986）は「ミルの〔侵害〕原則がいったん拡大されて非身体的な危害を含むようになると、それは、事実上あらゆる状況において介入を許すというところまで拡大されることになる」（Lee 1986=1993: 61、〔　〕内引用者加筆）と懸念を示す。児童虐待対応に視点を戻せば、欧米のみならず日本においても、現実の児童虐待対応は「子どもの福祉を侵害する〝不適切な〟養育の防止と、子どもの福祉／利益の保全」を合言葉に、侵害原理を拡大解釈することで、介入の拡大が容易に正当化されてきた[1]。その拡大の容易さの背景には、親に代わって〝適切な〟保護・養育を与えようとするパレンス・パトリエ思想が垣間見える。それに対し、欧米では被介入者側から家族の自律性を根拠に反発がおこり、法制度もこれに適応してきた。つまり、現実社会では侵害原理の拡大解釈に疑問が投げられ、法制度もこれを認めてきたのである。ところが、このような侵害原理の適用範囲にかんする曖昧さについて、理論的な検討はこれまでほとんどおこなわれてこなかった。

もし、侵害原理を、Lee（1986）の主張と同様に身体的な危害に限定して使用するならば、児童虐待対応が侵害原理に基づき正当化されることを誰も否定しないだろう。しかし、侵害原理を非身体的な危害まで含めるものとするなら、その拡大解釈された侵害原理によって正当化された領域については、前述の歴史的経緯から理論的な検討の余地があると言わざるを得ない。では、どのように検討するか。

児童虐待対応が「子どもの福祉／利益のため」を介入目的に掲げてきたことは既に述べた。このスローガンの下、侵害原理が拡大解釈されて介入が進められてきたことも、既に述べたとおりである。これを整理すると、侵害原理が拡大解釈される前提には、「子どもの福祉／利益のため」を理由とする介入が存在するということになる。他者の福祉や利益のための介入にかんする議論は、一般にパターナリズム論の射程である。したがって、拡大解釈された侵害原理の領域に対する検討は、パターナリズム論からおこなうことができると考える。

中村によれば、今日のパターナリズム論は、「リベラリズムの思想を一旦通過した上で（個人の自由、自律の承認を前提にした上で）、どのようなパターナリスティックな介入・干渉が正当化できるかという形で論じることにより、（中略）パターナリズムに関わる諸問題を適切に解決していく」（中村 2007: 2）ものであるという。そして、このパターナリズムと自由・自律との関係をみる際にしばしば参照されるのが、Mill の『自由論』である。Mill は、『自由論』で侵害原理を提唱する際に、「彼のためになるとか、あるいはそれが彼を幸福にするであろうとか（中略）という理由で、このような行為をしたり、差し控えたりするように、強制することは、決して正当ではありえない」（Mill 1859=1971: 24）と述べ、「いわゆる『侵害原理』の裏面をなす『パターナリズム否認』の理論」（中村 2007: 98）を展開していると理解されてきた。そして、広く知られるように、Mill においてこの「パターナリズム否認」の例外として挙げられているものの一つに、子どもがある。

今日、被虐待児に対する、その福祉の回復を企図したパターナリズムに基づく介入を否定するものはいないだろう。では、被虐待児は、「子どもであること」を理由にして、いかなるパターナリスティックな介入も無制限に受けてよい存在であるか。この問いは、被虐待児への介入のあり方にかんする問いである。この点を検討するために、まずその前提となる大人／子ども区分（adult/child distinction, Schrag 1977: 69; 帖佐 2009: 20）について考える。

4　子どもは無制限にパターナリスティックな介入を受ける存在であるのか

——大人／子ども区分の正当化をめぐる議論

パターナリスティックな介入を許容する根拠となる大人／子ども区分について、これまでどのような議論がなされてきたのか。

大人／子ども区分は様々な論点から検討されてきた。例えば、運動性能力、言語性能力、性的能力、合理的思考能力、そして、「子ども」という地位がどのような内容から構成されているのかという地位の構成要素などである。このうち、中心となっているのは、合理的思考能力と地位の構成要素をめぐる議論である。そして、それぞれに大きく二つの主張がある。一つは、大人と子どもとに違いはないという主張であり、もう一つは、大人と子どもとは完全に異なるという主張である（大江 2004: 71）。それでは、合理的思考能力と地位の構成要素について、それぞれに対する二つの主張を見てみよう。

4-1　合理的思考能力

4-1-1　大人と子どもに違いはない——大人／子ども区分は正当でない

合理的思考能力については、この核心である合理性の定義は様々あり[2]、故にそれが意味するものを確定することも、ある個人がその能力を持っているか否かの決定をわれわれが十分正確におこなうことができるのか、それを確かめることも困難だ、との指摘がある（Wordsfold 1974: 147）。こうしたなか、その曖昧さは残されたままではあるものの、事実の観察によって子どもと大人の合理的思考の差について検討しているものがある。

大江（2004）はPiajetが提唱した形式的操作について、これを検証したWasonの「四枚カード問題」の例をひき、「その含意するところは、やはり子どもの意想外の有能さという主張につながるだろう」と結論づける（大江 2004: 82）。Piajetの形式的操作とは、論理的思考に加えて仮説演繹的思考、組み合わせ思考、計量的な比例概念の理解ができる能力のことを指し、一一・一二歳から青年期の間、すなわち発達の最終段階で発達する能力のことをいう（Piajet 1936=1998: 280）。また、Wasonの「四枚カード問題」とは、数字やアルファベットといった具体的な文脈を持たない記号が書かれた四枚のカードを使ってある命題を推理する場合と、封筒や切手といった具体的な文脈を持つ四つの絵を使って同じ命題を推理する場合の、正答率を比較するという実験である。形式的操作の能力が十分に備わっていれば二つの正答率の差はほとんど出ないが、当該能力が不十分である場合には、具体的な文脈のある推理の正答率の方が高くなる。Wasonら（1972）の研究では、本来形式的操作が完成されているはずの大学生でも、正答率は具体的な文脈のある推理の方が二〇倍余り高かったとの結果が示された。これについて大江は、「『有能』であるはずのおとなでさえも、具体的な文脈の有無によって、ある課題遂行の達成率が著しく異なるという結果も報告されている。（中略）子どもの能力に対するわれわれの日常的感覚の再検討が迫られているのである」（ibid: 82）と述べる[3]。また、Schrag（1977）は、可能な論理的操作の種類とパターナリスティックな介入の正当化との関連性は、別に検討する必要があるとも述べている（Schrag 1977: 172）。

Wordsfold が指摘するように、合理性の定義が曖昧であったり様々であれば、合理的思考能力を確かめる方法も様々存在することになり、したがって当該能力の有無の判断も非常に多くのバリエーションを抱えることが考えられる（Wordsfold 1974: 147）。そして、測定された合理的思考の一つ一つの種類が、すなわち「子どもであること」を理由とするパターナリスティックな介入の正当化根拠になり得るかどうかは、別の問題として残されたままである（Schrag 1977: 172）。

4-1-2　大人と子どもは完全に異なる——大人／子ども区分は正当である

前述のとおり、合理的思考能力の議論では、その能力の有無がパターナリスティックな介入を無制限に受けるべき「子ども」の閾値にはなり得ない、と結論づけられている。

しかし、乳幼児期の子どもに対しては、要保護性を基準にパターナリスティックな介入を認め、青年期の子どもと区別することに異論を挟む者は多くはないだろう[4]（大江 2003: 21）。「子どもが筋の通った選択 a reasoned choice[5]をする能力に欠けることが証明されれば、大人と子どものラディカルな区別は可能になる」（Rosenack 1982: 92）と言いつつ、これを証明する研究がほとんどないとしても、乳幼児などを想定する場合には「おとな側の非常に微妙な配慮を前提としている」（大江 2004: 76-7）現実を否定する者もおそらくいない。大人／子ども区分を否定する立場の多くは、その分析対象を青少年に限定しているとの指摘もある（Minow 1995: 1578; 大江 2004: 76-7）。

4-2　規範的・地位的考察

4-2-1　大人と子どもに違いはない——大人／子ども区分は正当でない

次に、地位の構成要素について、大人と子どもとに違いはないという主張を見てみよう。

はじめに、成年制度によって、未成年をパターナリスティックな介入を無制限にうける地位とみなす議論がある。これについては、成人年齢をどの年齢にも設定することが可能であって恣意性を否定できない、という批判がある（Schrag 1977: 169-70）。つまり、パターナリスティックな介入を正当化する、未成年という地位を構成する内容については、その実問われていない、という批判である。

では、合理的思考に欠けることを子どもの地位の構成要素とすることについてはどうか。規範レベルの子どもの合理的思考能力の欠如については、哲学的な伝統としても、大人／子ども区分の理由とされてきたという[6]（Shapiro 2003: 579）。これについてShapiroは、Kant哲学に基づいて論を展開する（Shapiro 1999, 2003）。Shapiro（1999）によれば、Kantは誰も自律には到達していないと考えているという。なぜなら、自律とは観念上の概念であり、全ての現実の経験を上回るものであるためである。このようなKant哲学に依拠するならば、われわれは、完全な自律の実現という事実が見いだせないにもかかわらず、この世界を自律主体のコミュニティとしてみなしていることになる。したがって、子ども期を自律できない時期としたとしても、それは一般的な理由になりえないという（Shapiro 1999: 723）。

Shapiroの議論は、大人／子ども区分の正当化根拠を自律に求めるならば、全ての人が自律を達成できないために、正当化できないとしている。つまり、全員を子どもとみなすのである。反対に、全ての人を大人とみなすことで、大人／子ども区分を正当化しない立場もある。この立場は、自らを自らの主権者と捉えるKant哲学（Shapiro 1999）、および第一の関心事としての個人の自由の保全が正義であると述べるRawlesの正義論が子どもにも適用できるとする議論（Wordsforld 1974: 150-7）から構成される。これらは、合理的思考能力ではなく、「自由それ自体が善である」とのリベラリズムに立脚する。この全員を子どもとみなす立場と全員を大人とみなす立場は、全く異なる主張ながら、大人／子ども区分を否定する結論を共有する。

4-2-2 大人と子どもは完全に異なる——大人／子ども区分は正当である

では、大人／子ども区分は正当であるとする立場の議論はどうか。

まず、成人年齢について、その恣意性の指摘に対し、大江（2004）は、以下のように反論する。

> 地位という観点からおとなと子どもを考えるなら、どこかで境界線を引く必要がある。なぜなら、ある地位から異なる地位へは、自然に移行しうるものではないからだ。（中略）そこで用いられるのが「年齢」である。（中略）経験的・非規範的角度から見ると、成人をめぐる線引きというものにはどうしても恣意性が拭いきれない。加えて、その恣意性を克服しようとして安易な能力一元主義にも立ちえないことはすでに述べた[7]。結局、「子ども」と「見なす」ことでその地位が割り当てられる側面

が子どもにはどうしても残り続ける。（中略）〔だが、〕子ども期をただ自律性が成熟する移行期として、大した意味をそこに読み取らないのでは、非常に重要な点を見落とすことになる（大江 2004: 83-5）。

大江は、成人年齢の線引きの恣意性を認め、また、そこに必ずしも強い根拠がないことも認めている。その上で、子どもが地位として大人から区別されることに積極的な意味を見出す。子ども自身にとっての子ども期、大人にとっての子ども期に重要な意味があるのではないか、というのである（大江 2004: 85）。

また、合理的思考能力に欠けることを子どもの地位とみなす、という点についてはどうか。先述のShapiro は、これを支持する議論も展開している。

Shapiro（2003）は、「合理性を欠く」ということには、二つの意味が含まれているという。一つは、利益を守る判断ができない、すなわち誤った判断をするというもの、もう一つは、良し悪しに関係なく判断そのものができない、というものである（Shapiro 2003: 580）。Shapiro は具体例を引き、子どもが大人から区別され、実質的に義務や責任を免除されている背景には「『子どもだから』というものがあるはず」（Shapiro 2003: 584）で、それは、子どもを判断能力そのものがないと考えていると理解するより他ないという。

Shapiro は Kant に依拠し、パターナリスティックな介入が問題となるのは、当人が要請したものではない利益 benefit を押しつけている点であるとする。その原則からいうならば、利益を受ける当人が合理的思考や選択を適切におこなう能力がない場合（例えば、乳児）は、パターナリズムの問題はおこらない。なぜなら、反対の意思もなく、押しつけと要請の間の区別に意味がないからである。また、抑うつ状態の人や子どもに対するパターナリズムも問題にならないという。なぜなら、どちらも、本人を本人から疎外している状態だと考えることができるからである。抑うつとは、例えていうなら、脳に異星人 alien が取りついて、異なる判断をさせているようなものである。その意味で、われわれは本当のその人に（傍点は引用者）干渉しているのではない。そして、子どもとは、Kant のいうところの完全に自分自身を管理する人間である大人になる途中の存在で、直観のルールから自らを統治する過程にある者であり、その意味で異星人 alien の範囲にある人だということができる。異星人は本当のその人ではない。だから、パターナリズムの問題はおこらないのである（Shapiro 2003: 583-94）。こうして、子どもは大人から区別され、「子どもである」という理由でパターナリスティックな介入が正当化されるという。

4-3 子どもは無制限にパターナリスティックな介入を受ける存在であるのか
――大人／子ども区分の正当性とは

大人／子ども区分の正当性、および「子どもである」ことがパターナリスティックな介入の正当化根拠になり得るかどうかは、現段階では明確な結論を導くことが困難だといわざるをえない。

4-3-1　合理的思考能力について

大人／子ども区分の最も重要な論点である合理的思考能力について、これを論理的思考能力と捉えるなら、この側面の大人と子どもとを大きく区分する根拠は提示されていない。また、合理的思考能力の構成要素が曖昧であること、および、もしそれらが同定されたとしても、それらとパターナリスティックな介入の正当性との関連については、未だ十分に明らかにされていないとの指摘は重要な指摘である。加えて、Wikler（1979）は人間の能力を、連続性の中で捉えられる相対的能力と、閾値を持つ絶対的能力とに分け[8]、合理的思考能力が分類される前者の能力を、あたかも後者であるかのように扱うことの恣意性を厳しく問うており（Wikler 1979: 380-6）、合理的思考能力を、大人／子ども区分およびパターナリスティックな介入の正当化根拠に採用する場合、この Wikler の指摘をどう乗り越えるか、という点も課題として残されている。

4-3-2　地位の構成要素について

規範的・地位的考察において、成人年齢による区分は論争的である。大江のいうように、線引きの恣意性は否定できずとも、区分があることによって、その時期に特有の意味は生まれるだろう。また、現に制度としてある以上、成人年齢が子どもの地位を構成することは間違いない。しかし、年齢という数字を、パターナリスティックな介入を無制限に正当化する根拠とすることには疑問が残る。なぜなら、このような論理の展開は、これまでにおこなわれ、反省されてきた、「障害者だから」、「高齢者だから」、「女性だから」という地位を理由とした際限ない侵襲と同じだからだ。

　では、合理的思考能力の有無が大人・子どもの地位を構成する、という議論についてはどうか。Kant 哲学からこれを検討すれば、一方で、合理的思考をおこなう自律とは、誰も達成できないものであり、したがって大人と子どもとは区分されないという。他方で、大人は合理的思考能力によって自己管理できる本当のその人であり、子どもはその能力から疎外されており本当のその人ではない、したがって、大人と子どもは区分されるという。前者は、大人／子ども区分は正当化されないが、要保護性や功利主義等に基づく全ての人に対するパターナリズムを正当化する。一方、後者は、大人／子ども区分を正当化し、かつ「子ども」を理由としたパターナリズムをも正当化する。つまり、Kant 哲学に依拠すれば、少なくとも子どもに対する（子どもとして区分されるか否かにかかわらず）パターナリズムは正当化されるということになろう。

　しかし、前者の立場には、自由に全ての善を見出すリベラリズムの立場からの批判もある。前者の誰も自律はできないとする立場は大人を子どもと同一視して「子ども」として扱うが、これを批判するリベラリズムの立場は子どもを「大人」と同様に扱わざるをえないことを論証する。このリベラリズムの立場は Rawls にその論拠を見出す。

　Kant に依拠した議論も Rawls に依拠した議論もともに、大人／子ども区分は正当化できないという。しかし、それ故に全ての人に対するパターナリズムは正当化されるとする結論と、それ故に全ての人にパターナリズムは正当化されないという結論とに分かれている。その決着は未だみない。

こうした合理的思考能力にかんする規範的・地位的考察については、二つの課題が残されている。まず、おこなわれた合理的選択が合理的か否かを判断するのは誰なのか、という点である。Houlgate(1979)が区別するように、合理的選択には、「筋の通った選択 a reasoned choice」と「合理的な選択 a reasonable choice」がある。Houlgate の言を借りれば、「筋の通った選択」は記述レベルのものであり、「合理的な選択」は規範レベルのものである。例えば、Aという人がA′という選択をする。これは記述レベルの選択であり、AはAの筋を通して選択している。ところが、Bという人が、B′が合理的な選択であるという。これも記述レベルの選択であり、BもAと同様、Bの筋を通して選択している。このとき、A′とB′のどちらが合理的か、判断するのは誰なのか。古典的な西洋哲学においては、規範とはキリストの神であり、A′とB′のどちらがより合理的な選択であるのかという判断も、神の掟に依拠すればよいということになる。しかし、現代の日本の児童虐待対応において、規範レベルの合理的選択の基準にキリストの神の掟をおくことはできないだろう。このような規範レベルの合理的判断は誰ができるのか、という点が明らかでない状況では、合理的思考能力の有無を問うことがそもそもできないといわざるをえない。ゆえに、誰もが自律できないとする立場も、子どもを本当のその人から疎外された存在とみなす立場も採用できない。なぜなら、前者の立場には、それではパターナリスティックな介入をする者になりうるのは誰かという問題が、後者の立場には、「合理的判断ができる本当のその人」とはどのような人なのかを判断できる人は誰かという問題が、解決されないまま残されることになるためである。

では、自由な選択をできることに全ての善をおくリベラリズムが採用されるべきものであるのか。この立場には、侵害原理を含む要保護性からの反論が考えられる。

以上の議論を総合すれば、合理的思考能力および地位の構成要素をめぐる議論のいずれにおいても、大人／子ども区分を正当化することはできない。また、「子どもであること」を理由に、無制限にパターナリスティックな介入を正当化することもできない。本論では扱わなかったが、乳児に代表される身体的・情緒的な要保護性についても、大人／子ども区分は適用が難しい。なぜなら、これらの要保護性は大人にも当てはまるからである。

念のため断っておくが、これは、大人／子ども区分は存在しない、あるいはパターナリスティックな介入は全て否定されるべきとの主張ではない。こうした明確な結論がでていない状況であることを正直に引き受けた上で、被虐待児に対するパターナリズムのあり方について議論を進めたい、ということである。

5　パターナリズム論から正当化される児童虐待対応法制度の構造

5-1　被虐待児を中心にしたパターナリズム概念の整理

では、どのような介入のあり方が望ましいのか。いくつかのパターナリズムの類型から考察を試みる。なお、子どもに対するパターナリズム論は未だ特有の体系を持たないため、先行研究に倣い、本項も大人に対するパターナリズム論を援用して考察する。

5-1-1 「純粋なパターナリズム（直接的パターナリズム）」と「純粋でないパターナリズム（非直接的パターナリズム）」

Dworkin（1971）は、パターナリスティックな干渉が目的とする善が関係する人と、自由が制限されている人が必ずしも一致しないことから、はじめにパターナリスティックな干渉を「純粋 pure」なものと「純粋でない impure」なものとに分けることができるだろうと述べる（Dworkin 1971: 183）。すなわち、利益の促進が図られる人と制限を受ける人が同じ「純粋なパターナリズム」と、利益の促進が図られる人と制限を受ける人が異なる「純粋でないパターナリズム」である。例えば、ネグレクトにあり、子どもの衛生状態がよくない場合に、保護者に毎日風呂を沸かさせることは、子どもの利益を促進するために保護者の自由を制限することになるため、「純粋でないパターナリズム」になる。一方、同じ事例において、子ども自身を毎日風呂に入らせることは、子どもの利益を促進するために子どもの自由を制限するため、「純粋なパターナリズム」となる。なお、「純粋なパターナリズム」と「純粋ではないパターナリズム」の名称については、後にFeinberg（1986）が「直接的パターナリズム Direct Paternalism」と「非直接的パターナリズム Indirect Paternalism」と表現した方が適切ではないかと指摘している（Feinberg 1986: 9）。本書でもFeinberg の指摘に倣い、以下では「直接的パターナリズム」と「非直接的パターナリズム」と表すことにする。

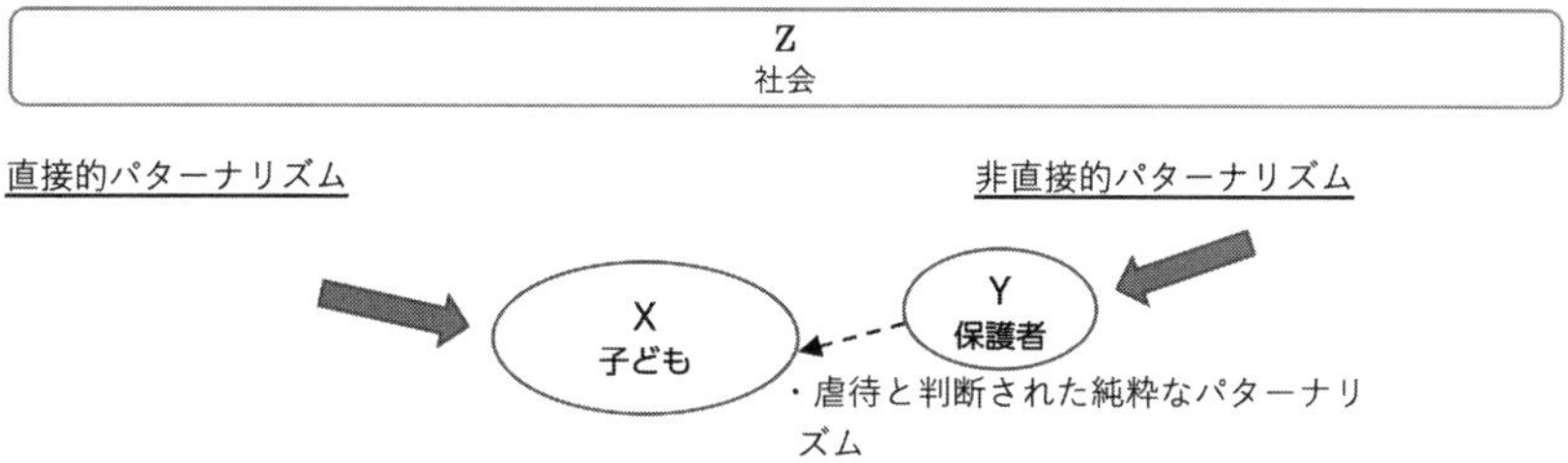

図表5-1　児童虐待対応におけるパターナリズム概念の類型①

出典：根岸（2018: 64)。

さて、これを図にしたものが、図表5－1である。はじめに、子どもXと、子どもXの保護者Yがいる。この保護者Yの子どもXに対する言動（パターナリスティックなものを含む[9]）が虐待と判断された場合、社会Zによる介入がおこなわれる。具体的には、子どもXの福祉の保障を目的とし、子どもXに「直接的パターナリズム」が、保護者Yに「非直接的パターナリズム」に基づく介入がおこなわれることになる。

5－1－2　「直接的パターナリズム」

では、「直接的パターナリズム」、「非直接的パターナリズム」には、具体的にどのような介入があるか。はじめに、「直接的パターナリズム」について整理する。利益の促進が図られる人に直接おこなわれる介入には、まず、被介入者である子どもXに合理的思考能力[10]がないと判断される場合におこなわれる介入がある。これを「ディープ・パターナリズムDeep Paternalism」という（Richards 1980: 12-4)。ディープ・パターナリズムを提唱したRichardsによれば、ディープ・パターナリズムとは、合理的に（rational）自己統制できる能力を持つ者が、総合的におしつけがましく、合理的に自己統制できない者を統治する権限を持つ、という考えを基礎に置く（ibid: 12-4）。つまり、介入者が、被介入者を合理的に思考することが全くできないとみなし、無制限に干渉できるとするパターナリズムの類型である。例えば、被虐待児の希望がいかなるものであっても意に介さないソーシャルワークがこれにあたり、法規定でいえば、当事者の意見表明の機会を設けずに、行政機関が判断し措置をおこなう規定のみがあるような場合である。前節で、乳児への介入にはパターナリズムの問題はおこらないとの指摘があったが、反証は今のところなされていないことから考えると、ディープ・パターナリズムという介入のあり方を完全に退けることはできない。

しかし、介入者が、被介入者を少なくとも筋がとおった（reasoned）判断ができる者とみなし、パターナリスティックな干渉に制限をかける立場もある。前節で、子どもに合理的思考能力がないとする説が反論の余地なく支持されなかったことを鑑みれば、子どもの被介入者を、筋のとおった判断ができる者とみなす立場を否定することはできない。この立場には、三つのパターナリズムの類型がある。一つは、「単数対象のハード・パターナリズム Hard Paternalism to the Single-Party case」（Feinberg 1986: 12）である。これは、被介入者の意思に反してもおこなわれる介入を指す。例えば、子どもが在宅支援を希望していることを承知しながらも、家庭分離するソーシャルワークがこれにあたり、法規定でいえば、被虐待児の意見表明の機会はあるが、行政機関にこれを否定する権限が与えられている場合がこれにあたる。

二つめは、「リベラル・パターナリズム Liberal Paternalism」（Richards 1980: 14-5）である。これは、

他者への干渉一般について、他者の人生をコントロールしてもよいと考えることそのものに制限をかけようというものである。例えば、ファミリー・グループ・カンファレンスやサインズ・オブ・セイフティ[11]などを活用したソーシャルワークがこれにあたり、法規定では、当事者参加による援助計画策定の義務などがこれにあたる。

そして、三つめは、「単数対象のソフト・パターナリズムSoft Paternalism to the Single-Party case」(Feinberg 1986: 12)である。これは、被介入者に合理的思考能力があれば介入しない、というものである。例えば、一二歳以上を合理的判断ができるものとした場合、ソーシャルワークにおいて、一二歳以上の被虐待児が在宅を希望しても社会的養護を希望しても許容するというものがこれにあたる。また、法規定では、一二歳以上の被虐待児が意見を表明した場合には、直接的な他者からの危害がない限り、これが妨げられてはならないとする規定などがこれにあたる。

単数対象のハード・パターナリズムと先のディープ・パターナリズムは、被介入者の自由に制限をかけようとするものである。一方、リベラル・パターナリズムは、介入者が自らの介入行為に制限をかけようとするものであり、ここにディープ・パターナリズムや単数対象のハード・パターナリズムとの違いがある。そして、このリベラル・パターナリズムの概念は非常に重要である。なぜなら、介入者が専門性を持つ大人であり、被介入者が専門性を持たない子どもである児童虐待対応においては、その二者間の勢力関係は、著しく子どもが劣位にあると一般に考えられるからである。そのような勢力の不均衡性のなかにあれば、ディープ・パターナリズムや単数対象のハード・パターナリズムを働かせることは容易だろう。しかし、常にディープ・パターナリズムや単数対象のハード・パターナリズムが働いている関係性は、前節の、「子ども」であることを根拠とした無制限のパターナリスティックな介入が、異論なく正当化できるわけではないとの結論に反する。そこで、リベラル・パターナリズムの概念が必要とされるのである。

さて、単数対象のソフト・パターナリズムが重視するのは、被介入者の合理的思考能力の有無である（Feinberg 1986: 12）。合理的思考能力がないと判断される場合、パターナリズムに基づく介入は許容される。しかし、合理的思考能力があると判断される場合には、それが危険を伴う判断であったとしても、この遂行を制限しない。単数対象のソフト・パターナリズムの後者の側面は愚行権にもつながるもので、意義がある。しかし、一回の愚行権の行使が死にもつながりかねない児童虐待対応において、単数対象のソフト・パターナリズムに基づく介入を認めるか否かは、議論が必要である。

5-1-3 「非直接的パターナリズム」

では、「非直接的パターナリズム」にはどのような介入があるか。このカテゴリには、二つのパターナリズムがある。一つは、ハード・パターナリズムの一部である「複数対象[12]のハード・パターナリズム Hard Paternalism to the 'Two-Party case'」、そして二つめはソフト・パターナリズムの一部である「複数対象のソフト・パターナリズム Soft Paternalism to the 'Two-Party case'」である。この二つは、いずれも被介入者（子どもX）の、本人の利益にならない意思を遂行する、第一義

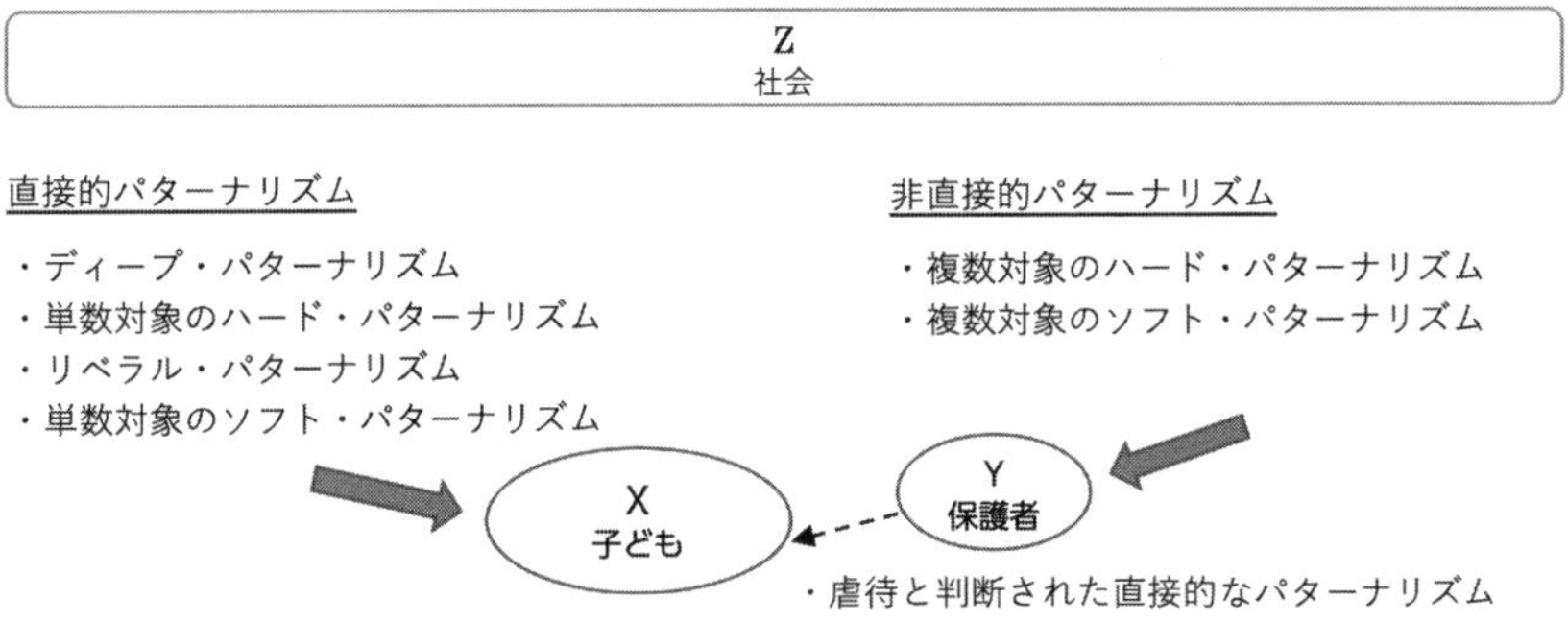

図表5-2　児童虐待対応におけるパターナリズム概念の類型②

出典：根岸（2018: 67）。

的介入者（ここでは保護者Y）の行為への干渉を指すものである（Feinberg 1986: 12）。例えば、社会的養護にある子どもが帰宅を希望し、保護者もそれを受けて引き取りを申し出たとする。しかし、客観的には、この家庭の問題は解決されていないように見える。ここで、子どもは合理的思考能力を持つとみなし、子どもの意志に反して保護者の引き取りを制限するのが複数対象のハード・パターナリズムである。一方、子どもは合理的思考能力を持たないとして保護者の引き取りを制限することを複数対象のソフト・パターナリズムという。

以上に述べたパターナリズムの類型をまとめたものが図表5-2である。

5-2　保護者・介入者の合理的思考能力

さて、先の整理から、発動されるパターナリズムの類型は、介入者が、被介入者である子どもXに合理的思考能力を認めるか否かによって決定されていることがわかる。この力動は、もう一人の被介入者である保護者Yに対しても同様に働きうる。

なぜなら、前節で確認したとおり、「子ども」を区分できないということは、「大人」をも区分できないということであるからだ。本書では保護者を研究の中心に据えていないため詳述は避けるが、保護者Yが合理的思考能力を持たないと判断される場合のあることを指摘しておきたい。

また、児童虐待対応のもう一人の関係者である、パターナリスティックな介入をおこなう者（社会Z）もまた、確かな合理的思考能力のある「大人」が区分されない以上、その言動は干渉を受ける対象になるはずである。この介入者への干渉は、むろん「非直接的パターナリズム」に分類される。

それでは、次項で、既述のパターナリズムの様々な類型を「児童虐待対応制度の構造分析モデル」と対応させ、本モデルの四つの制度がどのようなパターナリズムの類型の組み合わせによって構成されているのかを確認する。

5-3 「児童虐待対応制度の構造分析モデル」との接続

「児童虐待対応制度の構造分析モデル」は、子どもと保護者について、自律能力があると社会が承認している状態を示す「主体化」の有無を極とする二軸の組み合わせで構成されたモデルである。子どもを主体化するか否か、すなわち子どもの合理的思考能力を認めるか否か、そして、保護者を主体化するか否か、この組み合わせから構成される本モデルの四象限について、子どもX（子ども）、保護者Y（保護者）、社会Z（児相等）、社会Zへの監視者（監視機関）の四者がどのような関係にあるのか、前述のパターナリズムの類型を適用して整理した結果が図表5-3である。

はじめに、日本が位置している「当事者非主体的制度」は、子どもも保護者も合理的思考能力がある者として主体化されていない制度である。このため、介入者、すなわち児相等の介入は、いずれに対してもディープ・パターナリズムとしておこなわれる。子どもも保護者も当該能力を持たないため、児相等に対する監視機関による干渉も[13]、当該能力のない者を対象とする複数対象のソフト・パターナリズムに基づく干渉となる。

「保護者中心的制度」では、子どもは合理的思考能力がないとみなされるが、保護者はこれを持つ者として主体化される。そのため、子どもは「当事者非主体的制度」と同様に児相からディープ・パターナリズムに基づく介入を受け、かつ、保護者からもディープ・パターナリズムに基づく介入を受けることになる。子どもに対する児相の介入にかんする監視機関の干渉、および子どもに対する保護者の介入にかんする児相の干渉もまた、「当事者非主体的制度」と同様、当該能力のない者を対象とする複数対象のソフト・パターナリズムに基づく介入となる。なお、主体化された保護者に対しては、児相からリベラル・パターナリズムあるいは単数対象のハード・パターナリズムに基づく介入がなされ、この児相介入にかんしては、監視機関の複数対象のハード・パターナリズムによる干渉の可能性がある。

次に、「子ども中心的制度」をみる。この制度では、子どもを合理的思考能力のある者とみるが、逆に保護者の合理的思考能力を認めない。そのため、児相等は被虐待児に対し、リベラル・パターナリズム、単数対象のハード・パターナリズムのいずれかに基づく介入をおこなうか、または、愚行権

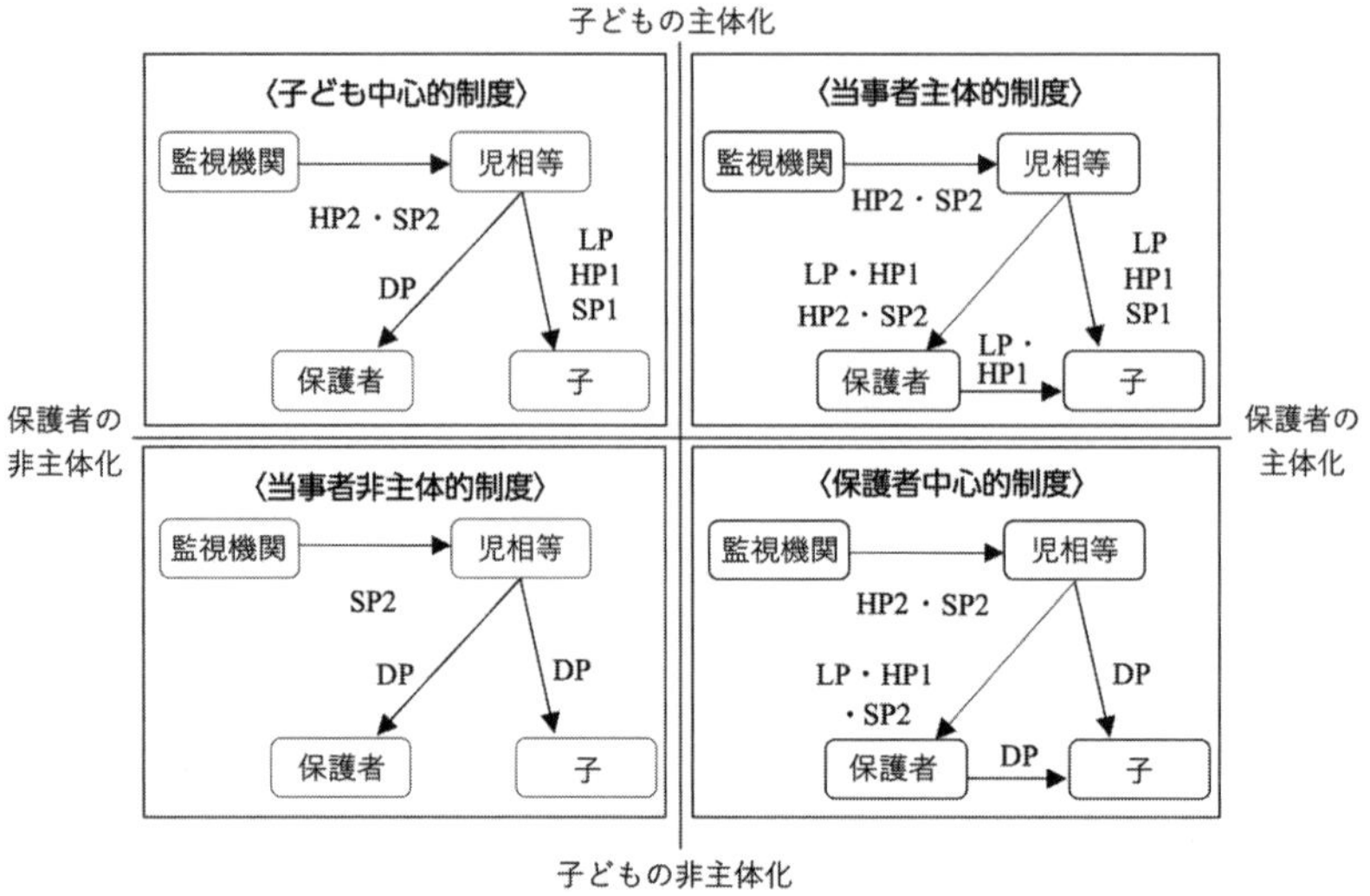

図表5-3 「児童虐待対応制度の構造分析モデル」の4つの制度と被虐待児に対するパターナリズム概念の整理

注：DPは「ディープ・パターナリズム」、HP1・HP2は「単数／複数対象のハード・パターナリズム」、SP1・SP2は「単数／複数対象のソフト・パターナリズム」、LPは「リベラル・パターナリズム」を指す。
出典：根岸（2018: 69）。

を認める単数対象のソフト・パターナリズムを採用することになる。この児相介入に対しては、監視機関による複数対象のハード・パターナリズムまたは複数対象のソフト・パターナリズム（愚行権を支持）に基づく干渉がおこなわれる。なお、合理的思考能力がないとされた保護者については、子どもに対するあらゆるパターナリスティックな干渉を認めない。なぜなら、「子どものため」の判断もできないと前提されるためである。

最後に、「当事者主体的制度」を確認する。この制度もまた、子どもを合理的思考能力のある者とみなすため、「子ども中心的制度」と同様のパターナリズムの類型に基づく介入がおこなわれる。ただし、「子ども中心的制度」とは異なり、保護者もまた合理的思考能力のある者とみなされる。そのため、保護者による子どもに対するリベラル・パターナリズムや単数対象のハード・パターナリズムに基づく干渉も許容される。この保護者の干渉に対し、児相等は複数対象のハード・パターナリズムまたは子どもの愚行権を認める複数対象のソフト・パターナリズムに基づく干渉をおこない、この児相等の干渉について、監視機関がさらに複数対象のハード・パターナリズムまたは複数対象のソフト・パターナリズムに基づく干渉をおこなうということになる。なお、保護者に対する児相からの介入パターンについては、「保護者中心的制度」と同様である。

5-4 パターナリズム論から正当化される児童虐待対応法制度の構造

では、「児童虐待対応制度の構造分析モデル」の四つの制度のうち、どれが望ましい制度であるのか。これまでの議論から、一切の合理的思考能力を子どもに認めないディープ・パターナリズムは、限定的に用いられるべきであろう。なぜなら、乳児に対するそれを否定する議論はないものの、子どもの合理的思考能力が全て否定されているわけではないからである。したがって、被虐待児に対しディープ・パターナリズムのみで構成される「当事者非主体的制度」や「保護者中心的制度」は、あまり望ましくない制度であるといえる。

子どもに一定の合理的思考能力を認めるとしても、児童虐待が時には子どもを死に至らしめることを鑑みれば、一切の可塑性を奪う愚行権[14]の行使容認を含む単数対象のソフト・パターナリズムを手放しで奨励することも難しい。かといって、子どもの意志に反する介入（単数対象のハード・パターナリズム）を重視すれば、結局は実質的にはディープ・パターナリズムと同じことになる。そのように考えると、リベラル・パターナリズムに基づく介入の契機がより多く保障されている制度が望ましい。リベラル・パターナリズムは、「当事者主体的制度」にも「子ども中心的制度」にも含まれており、子ども、児相等、監視機関の関係性において、リベラル・パターナリズムをはじめとするパターナリズムの構成に相違はない。異なるのは、保護者からのリベラル・パターナリズムの有無である。

子どもが特定の保護者から養育を受ける権利、同時に、保護者が子どもを養育する権利を保障することが、子どもの福祉の増進になるとの立場から考えれば（例えば、横田 2011）、保護者が子どものためを思って干渉する契機を残しておくことは望ましいだろう。このことは、児童虐待が広範なグレーゾーンを抱える事象であって直ちに親から子へのケアを絶つことは容易でないこと、児相と対立する保護者も「子どものため」を共通目標にすれば前進できること[15]、この保護者の干渉が子どもに害となる場合には、児相等からの複数対象のハード・パターナリズムや複数対象のソフト・パターナリズムに基づく介入がなされることを考慮すれば、なお支持できる。

以上より、パターナリズム論から正当化される児童虐待対応法制度は、「当事者主体的制度」であると結論する。

6　小括

本章では、パターナリズム論から正当化される児童虐待対応法制度とはどのような制度であるかを検討した。本章は、適正手続の保障が必要とされるほどの最も強制力の強い介入に至る前の、被虐待児に対する介入のあり方にかんする望ましさを考察するものである。

パターナリズム論に先立って整理した大人／子ども区分は、明確なようでいて、実は検討の余地のあることが示された。これは、「子ども」が乳児から青年期までを含むことを考えれば、当然ともいえる。そのような「子ども」存在が前提にあるために、「当事者主体的制度」が最も望ましいとする本章の結論にも、乳幼児への視点に欠けると反論がなされるだろう。

確かに、乳幼児を主体的な存在とみることは、現実的でないだろう。しかし、主体的な存在、合理的思考能力、自律といったものが、実は未だ曖昧さを残しているということを正面から捉え、かつリベラリズムの前提に立つなら、介入者である大人と同様に被介入者の子どもに対しても、パターナリスティックな介入が許容されると同時に、制限をもってなされるべきだと結論づける他ないのだ。また、現在のところ、ディープ・パターナリズムをおこなってよいとする区分も明らかではない。そのため、「当事者非主体的制度」または「保護者主体的制度」を子どもにとって望ましい制度と主張することもできないのである。以上から、現段階での到達点としては、「当事者主体的制度」が望ましいと結論づける。

それでは、被虐待児本人は、どのような制度が望ましいと考えているのだろうか。次章で検討する。

■注

1 例えば、アメリカではかつて貧困は子どもの発達を侵害する、あるいは黒人家庭で黒人の子どもが育つことはこの子どもの福祉を侵害するとして、子どもが家族から引き離され、白人家庭に「保護」されて養育されるということが起きていた。また、今日の日本では、乳幼児全戸訪問事業により全ての乳児のいる家庭が干渉を受けることになっている。念のため申し添えておくが、筆者は虐待予防の重要性を否定しているのではない。

2 例えば、Shapiroは「自身の利益を守ったり促進したりする選択をする能力」あるいは「よく筋の通った選択をする能力」(Shapiro 2003: 580)と定義し、Warnockは「置かれている状況を理解し、この状況でとりうる行動の選択肢を予測し、それらに対する賛否の考えをつかみ、重みづけし、それに沿った行動をとること」(Warnock 1973: 144)と定義している。

3 Piajetの論理的思考にかんする発達理論の検証は他にもおこなわれており、Piajet理論への反証の可能性が指摘されている(例えば、Donaldson 1978など)。

4 ただし、要保護性の構成要素もまた、確定されてはいない。

5 なお、「筋の通った選択 a reasoned choice」と「合理的な選択 a reasonable choice」は区別されることに注意願いたい。前者は記述レベルのもの、後者は規範レベルのものと整理されている(Houlgate 1979)。

6 ShapiroはAristotle, Plato, Kant, John Locke, John Stuart Millの議論のいずれにおいても、子どもは合理性を欠くという点で大人と区別されていると整理している(Shapiro 2003: 578-9)。

7 大江（2004）の議論において、心理学や教育学における「子どもの意想外の有能さ」（大江 2004: 82）を示す知見、および大人でも文脈の有無により課題遂行が困難であるとの知見から、経験的に能力を測定することによって大人／子ども区分をすることは困難である、と結論づけたことを指す（大江 2004: 81-83）。

8 相対的能力とは、知的能力やダンス等のようなもので、「軽度知的障害者はふつうの人より能力が劣り、ふつうの人は優秀な人より劣る」（Wikler 1979: 381）ものである。また、絶対的能力とは、水泳や自転車乗りのようなもので、能力の有無に閾値があるものを指す。なお、「相対的能力」と「絶対的能力」の名称は、Wikler を引用した Rosenack（1982）による（Rosenack 1982: 93）。

9 近年では、子どもが就職するときに困らないようにと小学生の頃から休みなく塾に通わせ、この子どもが拒食症になるケースなどが報告されるようになり、実践の場ではこれを虐待（教育的虐待）とみなし始めている。また、児童相談所と対立する保護者も、子どもの安全や成長発達を共通目標に据えると、敵対的な姿勢はそのままに、しかし児童相談所と協働するようになるとの実践経験も聞く（鎌倉三浦地域児童相談所子ども支援課長（当時）鈴木浩之さんへのインタビュー）。このような経験知に従えば、保護者の言動には「子どものため」との動機による言動も当然ながら含まれていることになる。

10 一般的に、パターナリズムは「自由意志」への干渉であると表現される。ここで「自由意志」ではなく「合理的思考能力」とする理由は、子どもに対するパターナリズムを問題にするとき、その中心は自由意志ではなく合理的思考能力の有無であるためである。ただし、合理的思考能力の構成要素が明らかでないことは、前節でみたとおりである。

11 ファミリー・グループ・カンファレンスやサインズ・オブ・セイフティは、被虐待児や保護者とともに支援計画を立てる援助技法の一つである。

12 原語は Two-Party であるが、ここでは「単数 Single-Party」に対応させて「複数」とした。

13 監視機関による干渉もまた、「子どもの福祉のため」を目的におこなわれるため、パターナリズム論の範疇にあるものとして扱っている。

14 命がなくなれば、愚行権を行使することもできなくなる。

15 二〇一六年一月一八日におこなった鎌倉三浦地域児童相談所支援課長（当時）鈴木浩之氏へのインタビューによる。

第6章

経験的側面からの検討（1）
——被虐待児は「参加」を保障されるべき対象であるのか

1　本章の目的

どのような児童虐待対応法制度が望ましい制度であるのか、本章と次章では、被虐待児の主観的な被介入経験から検討する。

被虐待児がどのように社会介入を経験し、制度を評価するか、との点に焦点化した研究は、欧米においても端緒についたばかりであり、日本でも長い間ほとんどおこなわれてこなかった。しかし、子どもの福祉のためにおこなった介入そのものが子どもにとって侵害になる可能性は否定できず、被介入者である被虐待児からの評価を欠くことはできない。

本章では、制度の具体的な評価に先立ち、前章でも検討した「大人／子ども区分」について、元被虐待児へのインタビュー調査から考察する。ここで改めて「大人／子ども区分」を問うのは、被虐待児自身にとっての「参加」の意味を理解するために、「子どもだから」と子どもを区別する言説に対する被虐待児自身の認識を捉える必要があるためである。前章で確認したとおり、先行研究を概観すれば、「大人／子ども区分」は截然と存在するとは言えないが、しかし、われわれの現在の慣習には確かにこの区分が存在し、被虐待児もこれを内面化していると考えられる。そうであるならば、被虐待児にとっての「参加」とは、大人が当然に経験し、意見や価値を付与している「参加」とは、意味が異なる可能性がある。

2 調査の概要

元被虐待児へのインタビュー調査は、日本社会福祉学会研究倫理指針および首都大学東京研究安全倫理規定に基づき、首都大学東京研究安全倫理委員会の審査を経て、二〇一六年一月から同年五月の間に実施した。機縁法に基づき、児相関係者および里親家庭関係者を通じてメールまたは電話にて調査への協力を依頼した。事前および調査当日に調査の趣旨を説明し、調査当日は半構造化面接の方法でインタビューをおこなった。一ケースあたりの所要時間は二時間であり、対象者の要望により一部でグループ・インタビューをおこなった。インタビューにおいては、許可を得た上でＩＣレコーダーへの録音およびメモをとり、調査後、録音データは逐語録におこして、録音データそのものは消去した。なお、ICレコーダーの使用が許可されなかったケースでは、許可が得られたメモのみ取り、インタビュー終了後に内容を確認いただいた。

本章の記述においては、対象者の名前は全て仮名とし、年齢や措置を受けた地域を含め、個人が特定されるおそれのある情報は提示しない等の倫理的配慮をおこなっている。また、発言のそのままでは内容が理解しにくい箇所は、〔　〕を用いて加筆した。調査対象者、その基本属性、およびインタビューの形態は資料3のとおりである。なお、虐待種別は調査対象者自身の語りによるものであり、遺棄は虐防法第二条の児童虐待の定義には含まれていないが、『子ども・若者白書』（内閣府 2015）で児童虐待の一部として扱われていることから、本研究でも含めることとした。

調査対象者のうち、Gさんおよび二〇代の方はインタビュー時点で既に児相の関与から離れており、回想による口述である。この回想による口述には確かに限界があるが、以下三つの理由から、本研究では分析に含めることとした。第一に、回想による口述であっても、極めてプライバシーに関係する内容であることからインタビュー対象者を見つけること自体が容易ではなく、非常に貴重な情報であること、第二に、まさに措置にある場合にはインタビューをきっかけに心身の状態が悪くなる可能性もあり、配慮が必要であって安易にインタビュー対象者とすることができないこと、そして、第三に、事後評価を知るという側面において貴重な声であることとである。また、Bさんは被虐待児ではなく、保護者の疾患が理由で措置に至った方であるが、Bさんが参加してくれた被虐待児とのグループ・インタビューでその発言が他の被虐待児から賛同を得ていたため、その内容に限り扱うこととした。

なお、調査対象者は全て社会的養護への措置を経験した元被虐待児である。そのため、児相による対応件数の約七割を占める在宅支援の子どもたちの声が含まれていないことは、本研究の限界である。しかし、ここで報告するインタビュー内容は、より厳しい状況にある被虐待児の声でもあることに注目していただきたい。

3　被虐待児の経験に「大人／子ども区分」は適用できるか

パターナリズム論における「大人／子ども区分」についてはいくつかの論点があったが、本章では、その中でも論争的な合理的思考能力に関連する以下の二点に焦点化して検討する。判断能力にかんする点と、判断の結果に対する責任の所在にかんする点である。

3-1　判断能力

3-1-1　判断は何歳からなされていると考えているのか

はじめに、判断能力について検討する。ここでは判断能力を検討する前に、判断が何歳頃からなされていると被虐待児が考えているのか、という点から確認する。

Aさんは実父母を知らない[1]。乳児院と児童養護施設（以下、施設）で育ち、三歳と一〇歳のときに里親への措置変更を経験した。Aさんは三歳時の措置変更の際に、「嫌だ」という意思表示をしたという。Aさんは里親ではなく施設の担当保育士を選択したことについて、「意外に覚えてるんですよ、三歳でも」、「それすっごい覚えてて」という。

Aさん：自分が乳児院から施設に行ったことは分かってるし。意外に覚えてるんですよ、三歳でも。施設に行ったときに最初に〔担当保育士と〕会って、その人に対して人見知りしなかったんですよね。（中略）で、ママって呼んでて。で、いきなりそのあと里親さんのところに行かされて、意味が分からなくて、「えっ」みたいな感じだったんで、ずっと暴れたりとかしちゃって。でまあ、里親さんが体壊しちゃったりして、そのタイミングでじゃあってことになって〔施設に帰ることになった〕。たまたま〔元に〕いた施設に帰れたのは、その施設が空いてたから帰れたんですよ。私帰った瞬間、担当保母に抱きついたんですよ。それすっごい覚えてて。「帰ってきました！」みたいな。

Bさんもまた、六歳のときの措置変更時に「嫌だ」という意思表示をし、それが気まずかったこともあり、六歳のことだったが「今でも覚えている」という。

Bさん：〔措置が予定されていた里親家庭は〕なんか、「ここ」って感じがしなくて、あーちょっとここは嫌なんですって。

（中略）

筆　者：Bさん的には、ちょっと小さかったけど、ちょっとやだなーって言えた……？

Bさん：言ってたんだと思う。で、私もすごい覚えてて。あーここちょっとやだなって、なんか、こう……向こうはすごい用意周到って感じで。私ハムスター好きだったんだけど、その情報も、ハム太郎の自転車とかも買ってきてくれてて。（中略）でも、他のおうちに行ってさ、「嫌です」って言ったときの、なんかちょっと気まずさみたいなの、今でも覚えてるから。

AさんとBさんの語りから、幼児であっても自分なりに理由を持ち、筋を通して判断していたと認識していることが分かる。そして、その判断は、Bさんのように言語で表出されることもあれば、Aさんのように行動で示されることもある。

この判断にかんする年齢は、被虐待児本人が初めて措置された年齢とリンクしている可能性がある。インタビューでははっきりとは語られなかったものの、高校生で初めて児相とかかわり措置を経験した被虐待児は、高校生を判断可能な年齢と認識し、中学生で初めて措置を経験した被虐待児は中学生を、幼児であれば幼児を判断可能な年齢と認識しているように見受けられた。

3-1-2　判断能力はどのように評価してもらいたいか

では、被虐待児の判断能力について、被虐待児自身はどのように考えているのか。

継父からの性的虐待で小学六年生の三月に保護されたCさんは、中学生以上と未満の間で区切り、中学生未満の判断には、支援者による制限が当人の福祉になると考える。例えば措置変更について、つぎのように語ってくれた。

Cさん：自分で移動〔筆者注：措置変更〕できるから、じゃ、あっちにポイポイこっちにポイポイ、施設の中でさえ職員が安定しなくて自分の親代わりになる職員さんが一年ごとに替わっちゃいますとかで気持ちの整理もできないのに、いくらいろいろ経験してきたから普通の子どもよりかは考えが立派とは言ったって、所詮は小学生・中学生・乳幼児じゃん。その子たちが意思決定、ある意味人権なんだけど、そこは普通の家でいう、親が目かけて「これはダメなんだよ、あれはいいよ。じゃあやれるもんだったらやってこいよ、で、やれなかったら戻ってこいよ」っていう場所じゃないじゃん、措置移動ってなっちゃったら。戻ってこいよって言ったって、もうそこには戻れないわけじゃん、子どもは。だから、ある程度の年齢で、措置移動できますよ、措置解除できますよぐらい考えられる歳だったらいいけど、中学生ぐらいまでは別にいいんじゃね？って思っちゃう。

筆　者：むしろ、きちんと関係が築ける人がいる場所に安定的にいるっていう、そっちのほうが大事……。

Cさん：うん。「そこに行きました、じゃ措置解除したい措置延長したい措置移動〔筆者注：措置変更〕

したい」って子どもが発するんじゃなくて、「なぜそこまでの気持ちになっちゃったの」って聞ける第三者が必要だよね。それが児童福祉司さんだったり、違う人であったとしても。

Cさんの見解には、施設にいる被虐待児が、被虐待という事情から保護者という精神的支柱のない状態であること、また、社会的養護という一般家庭とは異なる環境にあることの前提がある。そのため、被虐待児の「意思決定」が「ある意味人権」であることは無論承知しているが、小学生までは、その特殊性を考慮して、「きちんと関係が築ける人がいる場所に安定的にいる」ことなどの子どもの発達保障の観点から、支援者が対話をしながら制限を与えることが望ましいと考えるのである。

一方、Aさんは、被虐待児の意思や判断が尊重されずに、支援者が被虐待児のことについて決定していくあり方に、強い疑問を抱いている。

Aさん：虐待とかあった子に対して「今どう？」とか聞かれて、「今のおうち〔筆者注：里親家庭〕好き？」とか聞かれても、好きって答える子もいればヤダっていう子もいるし、じゃあそのヤダって言った子に対してすぐに施設に戻しちゃうのかとか、そこは里親さんとその相談員〔筆者注：児童福祉司〕のやりとりじゃないですか。もう子どもは関係なくなるじゃないですか。結局そのときに子どもがそこに居たいって言って居れるのかって言ったら居れないこともあるし、ここが嫌だって言ってるのに他のとこに行かせてもらえるかって言ったらそういうわけでもなかったりするし、結局「今は嫌だって思ってるけど将来的にはちゃんとここが好きだよって言えるようになるから置いてるよ」って言われても納得できないとか。私は今はいいけど、当時は納得できなかったし。結局子どもの意見って聞かれるんですか？　みたいな。話を聞きに来て、それが何かに反映されたことはあるのかな、みたいな。（中略）もしこの家〔筆者注：里親宅〕にいるのが嫌だとか施設にいるのが嫌だって言った子が、じゃ何が嫌なのって言われたときに、何が嫌なのって言われても、みたいな。嫌なんだよ、っていう気持ちしかないときって。でも、その気持ちだけでは判断してもらえないじゃないですか。例えば里親さんのこういうところが嫌だとか言える年齢の子だったらいいけど、言えない年齢の子はどうしたらいいの、とか。

Aさんは、被虐待児の判断や意見表明が、大人の判断に劣るものとして扱われることに疑問を呈している。Aさんが取り上げた、「今は嫌だって思ってるけど将来的には好きだよって言えるようになるから」という理屈[2]は、つまり子どもである今現在の判断を、大人である将来の自分は否定するだろう、ということである。この「将来の同意」においては、支援者は、大人である将来の当人がするであろう判断を正しいものとみなすから、子どもである今現在の当人の判断が「将来するであろう判断」と異なる場合には、それを否定する介入をおこなう。Aさんは、そこにある「子どもの判断より大人の判断が正しい」との前提に疑問を投げかけ、子どもには子どもの正しさがあると主張しているのである。

また、もう一つのAさんが取り上げた、嫌だという「気持ちだけでは判断してもらえない」、理由を言葉で「言えない年齢の子はどうしたらいいの」という投げかけは、言語コミュニケーションを中心に据える大人の世界を基準に、判断能力そのものを評価していることへの指摘である。つまり、言語能力が十分に発達した大人の世界では、言語による説明が常識である。そのため、言語で理由を説明できない者は、合理的な理由に基づく判断ができていない者と見なされてしまう。だから、「その気持ちだけでは判断してもらえ」ず、「子どもは関係なく」、「里親さんとその相談員のやりとり」で被虐待児の希望とは異なる措置が決定されたりする。けれども、そうした被虐待児の「判断」や「意思表明」に対する支援者の「評価」は正しいのか、という指摘である。

Cさんと Aさんの語りから、被虐待児には被虐待児の正しさに基づく判断があり、支援者のスケールでは測れない側面があること、しかし被虐待児の置かれている状況の特殊性を押さえる必要があり、そのためにその判断の取り扱いには丁寧なやり取りが求められることがわかる。それは決して被虐待児の判断能力が劣っていることを意味するものではない。

3-2 判断の結果の責任は誰が負っているのか

Shapiro（1999）は以下のようにいう。いかなる意味においてもというわけではないが、われわれは子どもの意見表明を、大人のそれと同じように聞く義務があるとは感じていない。そして、子どもは、大人と同じようには、自らのしたことについて責任があるとは感じていない。そうして、われわれの慣習には「大人／子ども区分」が存在している（Shapiro 1999: 717）。では、被虐待児もまた、自らのおこなった選択について責任を感じてはおらず、また実際に責任を負ってはいないのだろうか。

Dさんは、ひとり親である父親の疾患が理由で施設に措置された。一度自宅に戻ったものの、中学一年のときに再び社会的養護が必要になり、里親へ措置された。そこで心理的虐待を受けることになる。高校二年で耐えきれなくなり、一時保護を経由して別の里親家庭へ措置変更された。初めの里親宅にいた四年間、担当の児童福祉司は月に一回Dさんと面談し、「大丈夫ですか」と気にかけていた。Dさんもまた、心のなかで「施設に入ったほうがいいんじゃないかって」考えてはいたが、なかなか踏み切れずにいた。その理由は、措置先を変わるとなれば、たとえ児童福祉司が切り出してくれたとしても、その後実際に措置が変更されるまでの間に、里親とそのことについてDさん自身が「話をつける」必要があると思っていたからである。

筆　者：施設のほうに入り直す、違うところに行こうかなっていうのを選択しなかった理由は何かあったんですか。

Dさん：そうですね、里親さんと話をつけるのが嫌で。（中略）どうしても変わるってなると、里親さんと話さなきゃいけないじゃないですか。それが嫌で嫌で。だから、もう頑張るしかない。

筆　者：里親さんと話をつけなきゃいけないっていうのは、Dさんが話をしなきゃって思ってたんですか？　児童福祉司さんに言ってもらって……。

Dさん：そうね、私からはもう切り出すことはできないって児童福祉司さんに言っていて。だから「こちら〔筆者注：児童福祉司〕から切り出してお話しする」って言って〔くれた〕。でももしそうなったときに、対立するのが嫌だって言って、私が。だったらこのままでいいですって言って。

しかし、ついに我慢にも限界がきた。児童福祉司が里親に話し、Dさんは間をおかずして一時保護所に移動することができた。ただし、この一時保護は関係調整のための名目であり、その後二ヶ月間、Dさんと児童福祉司と里親の三者で面談を重ねた。

筆　者：〔Dさんと児童福祉司と初めの里親との三人の面談は〕Dさんにとってはどうでした？　本当はあまり話はしたくなかったとか、負担になってたとかありますか。

Dさん：若干話したくないとは思ってましたけど、でも向き合わなければいけない、とは思ってたので。でも一応そのへんも確認はとってくれました。会って大丈夫か、話せますか、もしダメであれば私の意見を聞いて、里親さんと児相の人だけで話しますよって言ってくれてたんですけど、「大丈夫です、私から話します」って言って。

Dさんはここでも、「若干話したくないとは思って」おり、児童福祉司が代理を申し出るも、「でも向き合わなければいけない」と思い、「大丈夫です、私から話します」と児童福祉司に言った。自らの措置変更という判断から生じた里親との関係調整を、Dさんは気が進まないなか引き受けようとしていることがわかる。ここから、Dさんが自らの判断の責任を取ろうとしていることがわかる。

では、おこなわれた判断に伴う結果は、誰が引き受けているのだろうか。

Cさんは一五歳で措置解除となり、自立した。高校進学せず、施設を退所することはCさん自らの決断であった。このときの判断とその後のことについて、Cさんは以下のように話してくれた。

Cさん：今高認〔高等学校卒業程度認定試験〕取ろうとしてる、今更。（笑い）ほんと、〔高校進学しないことを〕止めてほしかったよね、そういうの考えるとね。「とりあえずバカ校でいいから行っときな」って言って欲しかったよね、ほんとに。ほんとにマジで全力で止めてほしかった。それは本当に思う。失敗したなって。一〇代とか二〇代前半とかだったら、それこそバイトしてとか、夜の仕事とかしてたときもあったから、そういうのでお金は稼げてたし、別に先のこととかもさ、子どもは産んじゃってたけど、でも何とでもなるやって思ってたけど。中卒で資格も何もなくて、なんなら親もいなくて、なんなら子どもも産んじゃったし離婚もしちゃったよ、これ将来大丈夫かよ、私の老後大丈夫かい、みたいになって、こりゃやべえぞってなって。

Cさんは「今は別に後悔もしていない」としながらも、高校進学せず一五歳で自立したことを「失敗したなって」思うと話す。この決断はCさんのものではあったが、施設もこれをよしとした。両者の判断は、Cさんのその後の人生のあり方にも影響を与えた。つまり、被虐待児と支援者とがおこなった判断でも、その結果被虐待児の身におこることは、その後の長い期間を含めて、被虐待児本人が引き受けることになるのである。

Aさんは、三歳時の里親家庭への措置変更が不調に終わり、その後は施設で生活していた。しかし、一〇歳のとき再び里親家庭へ措置変更となる。この措置変更もAさんの意思ではなく、里親、施設、児相が、Aさんには家庭での生活が必要だと判断し、計画されたものであった。この措置変更は、Aさんにとって「完全に自分のなかで気持ちが追いついてないまま決まっていった」ものであり、一五歳くらいまでの間「消化しきれてない」ものであった。

Aさん：昼間はいいんですけど、夜寝るときとか冷静に考えると、「なんでここにいるんだろう」みたいな。帰りたいなと思うけど、もう帰れないし。しかも思春期じゃないですか、小五とか。で、全然馴染めなくって。学校も外で遊ぶの大好きだったんですけど、小四までは。〈措置変更になってからは〉一切外に出なくなりましたね。

筆　者：学校も変わったの？

Aさん：学校も転校して。このへんに友だちもいないので、外に出るもの〈筆者注：理由〉もないじゃないですか。授業も本当に真面目に聞いてたほうだったんですよ、小四までは。でもそこからけっこう授業中全部寝るとか。一気に学校もつまんなくなっちゃって。全部比べちゃうんですよね。前の学校だったら、施設にいたら、とか。でも、もう来ちゃったし。（中略）消化しきれてないんですよね、多分、自分のなかで。それがずっと続いてて、中三ぐらいまでは本当にずっと馴染めずにいたんですよね。だから、今のパパ〔筆者注：里父〕とママ〔筆者注：里母〕をずっとおじちゃん、おばちゃんって呼んで、他人として扱うというか。

この措置変更の判断は、里親、施設、児相がAさんのためにおこなった判断である。その支援者がおこなった判断の結果生じたAさんの「消化しきれない」思いは、支援者の説明では解消されず、Aさん自身が消化していくことになっている。つまり、自分自身の判断でなくとも、その判断の後に被虐待児が経験することそのものは、被虐待児自身が引き受けることになるのである。

4 被虐待児は「参加」を保障されるべき対象であるのか

被虐待児の経験に「大人／子ども区分」は適用できるのか、特に合理的思考能力に関連する判断能力と判断に伴う責任の点について、被虐待児の声をみてきた。はじめに、判断そのものは、幼児であっても筋をとおしておこなっていたと認識されていることが語られた。それは言語で表出されることもあれば、行動で示されることもあり、「子どもの意想外の有能さ」（大江 2004: 82）を示すものともいえるのかもしれない。一方、幼児期の判断について、Aさんの「意外に覚えてるんですよ、三歳でも」との言葉から、Aさんには「子ども」の区分が意識されていることが読み取れる。

また、その表出された判断のもととなる判断能力については、どちらにも「大人（Cさんの語りでは中学生以上）／子ども区分」は意識されていた。Aさんは「子ども」である被虐待児が「大人」である支援者の話し合いの場から排除されること、子どもと大人の間の表出方法の相違を能力の有無に置き換えられていることを指摘し、その上で子どもが排除されるべきではないと考えていた。またCさんは、「子ども」であり、被虐待であり、家庭分離しているという状況の特殊性が判断能力に与える影響を考え、被虐待児と支援者との対話の必要性を述べた。いずれも「大人／子ども区分は意識されながらも、「子ども」を理由とする「参加」からの排除を肯定する語りは聞かれなかった。

以上を総合すれば、被虐待児の主観にも、「大人／子ども区分」は存在しているといえそうだ。そして、その「子ども区分」は、「意想外の有能さ」だったり、逆に言い分をそのまま受け入れられるのではなく対話することが求められるようなものである。これら二つは相異なる主張であるようにみえて、実は同じことをいっている。前者は「意想外」ということであるから、つまりは「子ども」とは判断力が十分でない存在であるとの前提がある。後者は、言い分をそのまま受け入れることを否定するため、やはり子どもを判断力が十分でない者と前提している。そして、いずれも「参加」を否定しない。つまり、保護が前提とされる子どもだからこその、年齢によらない「参加」への包摂の強調であるといえる。

つぎに、判断に伴って生じる「話をつける」必要がある場合、Dさんは自らそれを引き受けようと考えていた。このことは、「子どもは、大人と同じようには、自らのしたことについて責任があるとは感じていない」（Shapiro 1999: 717）との言説とは異なり、「大人／子ども区分」は明確にはみられない。また、その判断が被虐待児自らのものであれ支援者のものであれ、その判断の結果被虐待児の身上におこることは被虐待児自身が引き受けるほかないこともわかった。このことは、子どもは結果の責任を負うことができないから、主体的な「参加」は（部分的にであれ、全面的にであれ）制限されてもよいとする言説とは異なる（c.f. Schrag 1977: 176）。つまり、被虐待児が結果の全て[3]を引き受けることが前提となる判断において、被虐待児がその判断への「参加」から排除される理由とは何か、ということである。

まとめよう。被虐待児は、判断の結果の責任を引き受ける／ようとする面において、大人から区別されない。しかし、判断そのものにおいては、被虐待児の主観では「大人／子ども区分」が意識されている。判断の場では、「子ども」を理由に「参加」から排除される場合のあることが分かっているからこそ、被虐待児にとって、年齢によらない「参加」への包摂は、より重要な意味を持っていると考えられる。以上より、被虐待児の主観を重視するならば、被虐待児は「子ども」を理由として「参加」から排除されるべきではないと結論づけられる。

5　小括

本章では、被虐待児の経験に「大人／子ども区分」は適用できるのか、特に合理的思考能力にかかわる判断能力と判断の結果に対する責任の所在について、元被虐待児の声から考察した。インタビューにおいては、被虐待児は、判断の結果の責任は本人が負うという点で大人と区別されないが、判断そのものには、被虐待児の主観として「大人／子ども区分」が意識されるという、やや複雑なかたちで「大人／子ども区分」を経験していることが語られた。主観的に自らを大人と区別された「子ども」と認識している被虐待児にとって、「参加」は、制限される可能性が大きいからこそ、より重い意味を持っていると考えられる。ただし、この時には、被虐待児が置かれている特殊な状況への配慮が求められている。

このような被虐待児の立場およびその主観的な「子ども」認識を念頭におきながら、次章では、被虐待児の声から望ましい制度のあり方を考える。

■注

1　実父母の情報は、Aさんにとっては必要不可欠なものであったという。一〇歳時に措置変更した先の里親が、実父母の情報は「Aにとって大事なことだから」と調べてくれたため、中学三年生のときに実母の情報については知るところになった。しかし、その後も一切の交流はない。

2　これは「将来の同意」と呼ばれるものである。子どもに対する「将来の同意」の理論的な問題点は、大江（2003）を参照のこと。

3　例えば、保護者への説明を児相職員がおこなったとしても、その後の保護者と被虐待児との関係の調整あるいは再構築そのものから、被虐待児は逃れることはできない。

第7章

経験的側面からの検討（2）
――被虐待児の被介入経験から望まれる児童虐待対応法制度

1　本章の目的

前章では、被虐待児にとっての「大人／子ども区分」と「参加」の意味について考察をおこなった。本章では、前章の結果を念頭に置きつつ、インタビュー調査をもとに、被虐待児が被介入をどのように経験しているのか、「参加」の観点から整理する。そして、これを第5章で扱ったパターナリズム論を媒介に「児童虐待対応の構造分析モデル」へ接続し、第5章と同様に、本モデルの四つの制度のうちから被虐待児の望む制度のあり方を明らかにする。

2　被虐待児の被介入経験にかんする先行研究
――欧米の被虐待児はどのように被介入を経験しているか

既述のとおり、被虐待児の被介入経験および被虐待児からの制度評価を対象とした研究は、日本では長い間ほとんどおこなわれておらず、欧米においても端緒についたばかりである。制度や文化が異なるため、欧米の結果を日本の被虐待児の被介入経験にそのまま応用することはできないが、参考までに確認しておく。

被虐待児の被介入経験に焦点化した研究には、アメリカやスウェーデンで推進される児童虐待対応のワンストップ・センター、Children's Advocacy Center[1]（以下、CACという）を対象としたRasmusson（2011）がある。CACは司法面接の場として発展してきた経緯を持つが（Rädda Barnen 2013: 7-9）、現在では、子どもと親の「参加」が保障される場でもあるとされる（ibid: 9; Rasmusson 2011: 303）。

Rasmusson（2011）は、被虐待児の被介入経験を捉えようと、スウェーデンのCACを利用した一二人の子ども（八歳から一六歳）にインタビュー調査をおこなった[2]。その結果、全体的には概ね肯定的に述べられたという（Rasmusson 2011: 311）。さらに、Rasmussonは、「参加」が積極的に保障されたケースとそうでないケースを取り上げ、比較検討した。その結果、ソーシャルワーカーが被虐待児の意見表明の機会を担保した場合には、被虐待児は「CACスタッフはよく話を聞いてくれた」と評価し（ibid: 316）、被介入は肯定的に経験されていた。しかし、逆の場合、被虐待児は「気持ちがらくになったことは何もない、悪くなった」と述べ（ibid: 314）、被介入を否定的な経験として捉えていた。Rasmusson（2011）の研究結果からは、意見表明の機会の担保が、被虐待児の被介入経験を肯定的なものにすると考えられる[3]。

また、Mudaly ら（2006）は、アメリカをフィールドに、CACに限定せず被虐待で介入を受けた子ども九人に対してインタビューをおこない、被虐待児の主観的な経験を報告している。その研究目的は被虐待児の声の可視化にあるため（Mudaly 2006: 10）、体系的な分析はほとんどなされていないが、「参加」にかんする被虐待児の声には大きく三つの主張がみられる。（1）「参加」の機会を保障しないことへの不満[4]、（2）意見を表明しないことへの肯定的な見解[5]、（3）形式的な「参加」の機会の無意味性の主張[6]の三つである。なお、この（1）には、何が起きたのかを最もよく知る自分（被虐待児本人）を一方的に排して大人だけで判断することは不公正であるとの否定的認識と、自らの有能感が剥奪されるようだという否定的認識の二つが含まれている。また（2）は、加害者の処分にかんする判断はしたくないこと、また、ケースの主導権をケースワーカーに渡さないために発言の程度は自らコントロールしたい、との内容から構成されている。この（2）の点は、部分的に「参加しない」ことが必要だということを示している。

Mudaly らの研究では、大人側の都合によって、「参加」の機会が担保されなかったり、逆に意見表明を強制される場合、そして「参加」が担保されていてもそれが形式的である場合には、否定的に経験されることが示されている。換言すれば、「参加」が保障されたうえで、「参加から自由に退出できる」ことが組み合わされることで、被虐待児は社会介入を肯定的に経験できる。そして、運用において、自分の出席や意見表明が実質的に重要であると感じられるか否かによって、否定的にも経験されうることが示されている。

以上の先行研究から、少なくともアメリカ、スウェーデンの児童虐待対応において、被虐待児は「参加」、つまり主体的なかかわりを概ね肯定的なものとして経験していることがわかる。しかし、これが否定的経験に転じることもある。それは、「参加」から自由に退出できない場合と被虐待児の出席や意見表明が実質的な重要性を持たない場合である。

それでは、日本の被虐待児はどうか。インタビュー調査から明らかにする。

3 日本の被虐待児はどのように被介入を経験しているか

3-1 措置計画[7]は「自分の生きる道」である

Cさんは、継父から性的虐待を受け、一二歳のときに児相に保護された。措置後の施設でトラブルがあり、一ヶ月間のみ里親に措置変更される。施設に戻された後、施設でも学校でもいじめのような状態になったため、高校進学せずに働く道を選んだ。なぜなら、高校に進学しなければ、施設を退所できると考えたからである。Cさんは措置計画への被虐待児の参加について、「できたほうがいいんじゃない」という。

Cさん：中学生ぐらいになったらできたほうがいいんじゃない。施設とか里親とかに行くタイミングとかもあるだろうけど、そのタイミング、タイミングで、本部に出さなきゃいけないもの〔筆者注：児相で管理するもの〕と子どもたちと一緒に作るものを同じにしなくても、夢とか希望にあふれたものを一緒に作るって大事よね。そんなの見たことないもん。要は自分の生きる道を他人に勝手に作られてるわけでしょ。

Cさんは措置計画を「自分の生きる道」と言い換え、それを「夢とか希望にあふれたもの」として「一緒に作るって大事」だと述べる。

措置とはすなわち「自分の生きる道」であるとの認識は、他の被虐待児の語りにもみえる。例えば、AさんやEさんは、児相とかかわりを持つ間も、具体的に想像できるここ数年間の自分の人生の歩み方を計画していた。このとき、被虐待児は、その「自分の生きる道」が被介入対象であることを認識している。そして、この「自分の生きる道」の計画に「参加」できるか否か、また、どのように「参加」するかで、被虐待児の被介入経験は肯定的にも否定的にもなっている。以下に詳しくみてみよう。

3-2　被介入対象としての「自分の生きる道」

Eさんは、インタビュー当時、措置後約五ヶ月の中学生であった。Eさんは実母から身体的虐待、心理的虐待、ネグレクトを受けており、実母との「ケンカが増えてしまって、一回家を出た」ところを保護された。Eさんは、一時保護所で、事前の説明とは異なる日数で突然退所となったことや、措置先が自身の希望とは異なる決定であった理由について説明がなかったことから、支援者に対し不信感があると話してくれた。Eさんの話を聞く限り、Eさんは自身の措置計画の内容について知らないようであった。Eさんは措置期間を非常に気にしており、児童福祉司の「しばらく里親宅にいましょう」との説明に、それがいつまでなのか一人で考えてしまっていると話していた。

Eさん：〈児童福祉司に聞いてほしいことは〉特にないんですけど、私が聞きたいっていうのはあります。でもなんか聞きづらいなっていうの。これからどうなるのかとか、いつお母さんに会えるのかなとか、いつ頃とかでもいいから、それは教えてほしいなっていうのはあるんですけど。でもなんか、とりあえず今は無理そうなので、とりあえずここにいる気でこっちに行きましょう、みたいなこと言われたんですけど、それはどういう意味だったのかがよく分かんなくて。高校生ぐらいになってから帰るのかなって自分で思っちゃったりとか。そこをはっきりしてほしいなっていうのは。予定とかでもいい、教えてほしいっていうのはあるんですけど。聞きづらいっていうのがあって。

筆　者：どうして聞きづらいんですか？

Eさん：なんか、分かんないんですけど、ここがそんなに嫌なのかなとか思われたりとか、里親さんとかにも。それが怖いなっていうのが。

筆　者：そういうつもりで聞きたいわけじゃないのになあって？

Eさん：はい。

（中略）

筆　者：Eさんは、今後の希望ってありますか？

Eさん：お母さんと会って、いろいろ話しして、そのあとに自分が高校一年生になってから帰りたいっていうのがあります。

筆　者：まずはお母さんとお話しをしてから。

Eさん：はい。今すぐ帰っても、ここで一回、塾とか行かせてもらってるので、でも帰ってお金がなくて塾行けなかったりとかで高校に響いちゃうっていうのもあるので、ここでちゃんと高校行って、そこで高校一年生になったら家に帰る、みたいな感じがいいです。その頃は少し自分も大人になってるって思うので。自分でバイトして稼いで、とか。自分である程度自分のことできるかなって。本当の家に帰っても大丈夫だなって自分で自信があります。

Eさんは措置期間が気になるものの「聞きづらい」という。その理由は、「〔そういうつもりではないのに〕ここがそんなに嫌なのかな」と、児童福祉司や里親に思われることが「怖い」からである。つまり、Eさんが措置期間を気にするのは、措置先が嫌だからではない。

Eさんは、「ここで一回、塾とか行かせてもらってるので〈中略〉ここでちゃんと高校行って、そこで高校一年生になったら家に帰る、みたいな感じがいい」と話しており、措置を含めて、具体的な見通しをつけることができる今後三、四年の人生設計をしている。そのため、もし措置期間が変更になるならば、この見通しを修正しなければならないのである。この見通しには、「高校行って」、「バイトして稼いで」、「その頃は自分も少し大人になってるって思う」との発言から、就学先、稼働の必要性の有無、そして家族との間の感情の整理も含まれていると考えられる。被虐待児自身もこうした具体的な「自分の生きる道」を描くから、措置期間が気になるのである。そして、このような措置への注目から、「自分の生きる道」は自由なものとしてではなく、介入を受ける対象として認識されていることがわかる。

3-3 「参加」を制限された決定は否定的経験になる

Eさんは、「自分の生きる道」が被介入対象であると認識している。それでも、「参加」が制限されていることは否定的な経験となっている。

筆　者：Eさんがこういう希望があるって話したら、〈児童福祉司は〉どれぐらい力になってくれそうですか。

Eさん：ちょっと不安だなって思うところがあって、私が第一希望決めたやつ〈筆者注：措置先として里親家庭を希望したが、結果ファミリーホームとなったこと〕とか、こうしたいって言ったことと真逆になってるような感じがして。なんか、全部当てはまらないなっていうのがあって。正式には、五〇％から六〇％、それぐらいかなって。

（中略）

筆　者：それ〔筆者注：里親家庭〕は難しいのでっていう説明はきちんとありましたか。

Eさん：特になかった、ちらっと言っただけで、はっきりとは。「さあ次どうしよう」みたいな感じで。ちらっとその話を言っただけで終わった。詳しくは聞かなかったです。

筆　者：詳しく聞かなかったのは、聞けなかった？　それとも、たまたま聞かなかった？

Eさん：そういう雰囲気があって。もうとりあえず決めて、みたいな感じだったんで。じゃ、どうする、みたいな感じで、そういう聞く暇がなかったっていう。「えっ、じゃあ、えっ、じゃあ、養育家庭第一希望、お願いします」って言って。（中略）〔措置に伴い転校する必要があったので〕〇〇〔中学校名〕に行けたら行くっていうのもちゃんと話してたんですけど、△△〔中学校名〕になっちゃったりとか。

筆　者：そのへんの説明も……。

Eさん：聞いてないです。よく分かんない、福祉司さん自体。

Eさんは、被介入の初期段階で経験した三つの事柄から、「よく分かんない、福祉司さん自体」と否定的な感情になっている。三つの事柄とは、（1）最初の措置先が希望通りにならなかったことについて、児童福祉司が「ちらっとその話を言っただけで終」え、十分な説明をしなかったこと、（2）措置先について、児童福祉司が「もうとりあえず決めて、みたいな感じ」であり、納得して選択できる時間的、精神的余裕を与えられなかったこと、そして、（3）通学先の中学も、「〇〇〔中学校名〕に行けたら行くっていうのもちゃんと話してたんですけど、△△〔中学校名〕になっちゃったり」したが説明がなかったことである。つまり、情報提供を受けることや適切な意見表明の環境が整えられることから疎外されると、「自分の生きる道」を被介入対象と認識していても、被介入経験は否定的に経験されている。

Aさんもまた、「自分の生きる道」は被介入対象と認識していた。それでも、「参加」が制限された状態で措置計画が実行されたことには、やはり否定的な感情を持った。

Aさんは、一〇歳までのほとんどの時間を乳児院と施設で過ごした。乳児院から施設に変更されるときには、「なんとなく自分でも分かっていた」ため、否定的な経験とはなっていなかったという。しかし、里親への措置変更は違った。Aさんは三歳のときと一〇歳のときに里親への措置変更を経験しているが、一〇歳の措置変更のときのことを、以下のように話してくれた。

Aさん：〔措置変更の話を〕聞く前にここ〔筆者注：里親宅が〕まだ店やってたときに、ご飯食べにきたんですよ、施設の担当職員と。（中略）多分最初は意味が分からないまま来たような気がする。で、そのあとに、施設の他の職員に、指導員の人に、ここの家に行かないかって言われて、意味が分かんなくて。「いや、なんで行くの？」みたいな。自分の中で将来設計全部決まってたんですよ、施設のなかで。〔措置変更時、私は〕小学校だったんですけど、どの中学に行って、私はこの高校に行って、その高校に行ってから働くかどうするか決めるっていうのを決めてたから、「いや、どういうこと？」みたいな。それで施設のことも全然嫌いじゃなかったし、むしろ好きだったので、出ていく意味が分からないって思って。で、すんごい説得されたんですけど、とりあえず寝たかったんですよね、早く。みんなが寝てからそういう時間に話し始めて、寝たかったし意味わかんないし、「もういいよ、じゃあ行くよ」みたいな、投げやりな感じで行くこと決めて。そしたらとんとん拍子で決まり。だから最初から出すことは決まってたんですよね。多分施設のなかでは。

Aさんは措置先の施設で自分の「将来設計」を持っており、施設での生活にも満足していた。そこで措置変更の話をされ、拒否したが説得されて「投げやりな感じで」行くことを決めた。ここで、Aさんは、自身の希望ではない措置変更だから、「投げやりな感じで行くことを決め」たのだが、Aさんが表明した拒否の思いはまるで関係ないかのように、措置変更は「とんとん拍子で決ま」った。「だ
から最初から出すことは決まってた」とAさんは思ったのである。

この措置変更が、児相・里親・施設によるAさんの福祉のための決定であり、しかしAさんにとっ

ては消化しきれないものとしてその後の五年間残り続けたことは、前章でみたとおりである。つまり、被虐待児のためを思った措置計画であっても、本人が「参加」せずに決められたものは、否定的に経験されるのである。

このAさんの否定的な評価は、Aさんが思っていたよりも強く、「自分の生きる道」が「被介入対象である」と認識させられたことに由来するようにみえる。これは、この措置変更の背景の説明を受けた際の、心情の語りにみえる。

筆　者：〔措置変更は家庭の経験をした方がよいという施設側の判断だった旨を、中高生になってから説明を受けた際に〕そっかあっていう感じはあった?

Aさん：うーん。なんか、その施設で、まず、その施設の建物内だけじゃなくて、地域のなかに一戸建ての家を借りて、そこで別に子どもを出そうみたいな、施設の職員の夫婦だけどその夫婦が中心となってそこで子どもを四、五人受け入れて、家庭として生活するっていうグループができたんですよ。で、そこに行くのは誰だって言われてたときに、子ども同士のなかではAが行くんじゃないかって言われてたんです。親もいないし、しかもなんか、行く可能性があるとしたらAじゃね?　みたいなこと言われてたんですけど、そのときには多分決まってたんですよ、ここ〔筆者注：里親宅〕に来ることが。

筆者が、措置変更の理由を説明されて納得できたか、と問うたところ、Aさんはそれに直接答えず、「うーん。（中略）そのときには多分決まってたんですよ、ここに来ることが」と答えた。ここでAさんは論点を、納得したかどうかという自身の内部から、決定されていたという自身の外部に移行させている。ここから、このときAさんの「自分の生きる道」は、自分の意思にかかわりなくコントロールされる介入の客体であったのだ、とAさんが整理をつけていることがわかる。

3-4　積極的な「参加」が望ましいのか？
――「緩やかな参加」、「放任されない参加」、同意の逆機能からの反論

では、積極的な「参加」が望ましいものなのか。被虐待児の声には、それだけともいえない側面がみえる。一つは、自らの判断で「参加」から降りる「緩やかな参加」のあり方、二つめは、自己決定という名の放任を否定する「放任されない参加」の要求、そして三つめは、同意を基準とすることの危険性である。

3-4-1　説明されても分からない

Fさんは継父から身体的虐待を受け、一二歳のときに児相に保護された。その後は施設に措置されたが、経緯あって一七歳のときに里親へ措置変更された。

一七歳で措置変更となったとき、児童福祉司が「もっと厳しいという施設と里親とどちらがいい

か、住むところを聞いてきた」という。しかし、Fさんは「難しいことなので、よく分からなかった」。なぜなら、児童福祉司の使った言葉が「ふだん使うものではなかった」からである。特に、里親という言葉はなじみがなく、想像ができなかった。それならば施設を選択しようかと思ったが、「もっと厳しくなるのかな、と不安になった」。

「説明を受けてもわからない」との意見は、他の被虐待児からも聞かれた。

Gさんは実父の激しい暴力から逃れるため、一六歳のときに自ら児相を訪ねた。その際に対応した児童福祉司がよく話を聞いてくれ、Gさんはその児童福祉司に厚い信頼を寄せている。措置先を決定する際のやりとりを、Gさんは以下のように話してくれた。

Gさん：そのとき自分あんま意見持ってるような人じゃなかったんで、なんも言わなかったんですよ。でも、そこでも頑張って質問してくれて。「選択肢これあるけど、これだったら〔どう？〕」みたいな感じで聞いてくれて。良かったです。

筆　者：そしたら選びやすかった？

Gさん：そうですね、でも分からなかったんで、全部。分からないから意見も言いようがない、みたいな。

Gさんの児童福祉司は、Gさんと相談しながらいくつかの選択肢を提示してくれていた。しかし、

Gさんは、その提示された選択肢が全部分からなかった。そして、「分からないから意見も言いようがない」という。

Cさんは、この「分からない」の意味を以下のように話してくれた。

Cさん：分かんないよね、多分。それこそどこどこの学園はこうこうでとか言われてもさ。（中略）児童養護施設っていう言葉は知っていても、児童養護施設がいったいどういう生活をするべきところなのか、どういう空間なのかっていうのは知らない、漠然としか知らないわけだから。

Cさんは、「施設っていう言葉は知っていても」、施設の具体を知らないために、被虐待児は説明されていることを十分に理解することができないという。このような未知の語彙や生活環境を前に、被虐待児は「分からない」状況におかれ、「意見も言いようがな」くなるのである。

3-4-2 「緩やかな参加」

では、「分からない」状況におかれ、「意見も言いようがない」被虐待児は、どのような介入を望んでいるのか。

児童福祉司が提示した選択肢が「分からない」と話していたGさんは、それでも、選択肢を提示してもらったことは「良かった」と話し、「けっこう私の意見はずっと尊重してもらってました」と、明るい表情で語った。Gさんは「分からない」状況でどのような介入を経験し、肯定的な経験に至ったのか。

筆　者：里親さんに行くか施設に行くかっていう話……。

Gさん：〔それ〕はもうあっち〔筆者注：児童福祉司〕に任せてあったんで……私はあんま選んだっていう、とかはないです。

筆　者：その任せてあったのは、Gさんがそういうふうに伝えていたんですか？

Gさん：あんま覚えにないんですけど……でもあんまよく分からないって言って頼んだかもしれないです。やっぱけっこう児童相談所の方に心を許してたっていうのがデカいですね。だからそういう手続きであんま。「そこは自分で言わなきゃいけないよ」みたいな感じで言われたこととか、今思えばそのとおりなんだけど、それでなんか対立みたいなことはあったとしても、全体的に言えばもう結構、自分の意見はくみ取ってくれるから、この人に任せれば大丈夫と思って。知らず知らずのうちに全部任せてたかもしれないです。

Gさんは措置先を決めるにあたり、「あっち〔筆者注：児童福祉司〕に任せてあったんで……私はあんま選んだっていう、とかはな」く、「知らず知らずのうちに全部任せてたかもしれない」と話す。それは、総じて「自分の意見はくみ取ってくれるから、この人に任せれば大丈夫と思って」のことであった。Gさんに不満が聞かれないのは、自分の意見が、措置決定者である「この人」によくくみ取られているからである。つまり、日々の児童福祉司とのやりとりのなかで、情報提供や対話といった「参加」の機会をよく満たされていたGさんは、「分からない」ことに対する決定権を、自分の意見をくみ取ってくれる児童福祉司に委譲することによって、被介入を肯定的に経験していたのである。

同様の経験は、Fさんからも聞かれた。Fさんは児童福祉司のことはあまり信用していなかったが、信用していた里親家族が決定をサポートしてくれたことは肯定的に語られた。

一方、信用していない支援者による決定は否定的に経験されている。Eさんは児童福祉司に不信感を持っているが、この児童福祉司の決定には「また嘘つかれるんじゃないかな、とか」思うと話し、自分の希望は自分で話すのがよいという。それでも、分からないことが多い状況に「疲れている」と話す。

GさんやFさんの経験から、「分からない」状況では、他者に判断してもらうことも肯定的経験になっていることがわかる。しかし、Eさんの経験と比較すると、他者による判断や決定は、被虐待児が委ねたいと思う人に委ねることができて初めて、肯定的経験になると考えられる。表面的には同じ支援者側の判断であっても、被虐待児にとっては、自ら誰かに委譲して「参加」から降りる「緩やかな参加」による結果なのか、あるいは、「参加」が適切に保障されていない結果なのかによって、その経験は肯定的、否定的の両極端に位置づけられている。

3-4-3 「放任されない参加」

また、別の側面から「参加」に疑問を呈する意見もある。高校進学せずに施設を退所したCさんは、被虐待児と支援者とが持つ経験の圧倒的な差から、被虐待児の自己決定を「尊重する」という支援者の姿勢の裏にある放任を指摘する。

Cさん：「どうしたい？」って聞いても、どうしたいって、自分のすっげえ短い人生のなかで歩んできた情報でしかないじゃん、あくまでも。だから一生懸命こっちからしたら言ってるんだけど、大人からしたらきっと「もっとこういうのもあるのにな」、「こういうふうにしたらいいのに」って思ってたと思うんだよね。（中略）いろんな問題をやらかしたっていうのもあったし、高校行ける頭がなかったっていうのもあるけど、担当の職員とかは「今から頑張ればCは高校行けるよ」とか言われてたけど、高校に行くってことはイコールここにいなきゃいけなかったから、それは嫌だった。でも一五歳だったし施設で生活してるから、なんとでもなるだろうなって。社会に出たことが全くないまま出るわけだから、お金稼ぐのもラク、生活するのもきっとラクだろうとかって思ってたし。でも現実は絶対そうじゃないじゃん。一五歳で社会出て、保険って何みたいな感じだし、携帯電話契約できない、みたいな。だけど、本当は看護師さんになりたかった。（中略）奨学金って言われても、奨学金って何って感じだったから（中略）自分のレベルにあった、分かりやすい砕いた説明で教えてほしかったよね、提供してほしかった、いろんなことを。〔退所後の生活を〕応援してくれるのは有り難いけど、ぶん投げだよね。あとはあなたで頑張りなさい、みたいな。だからそれを止めるのも必要だったんじゃないかなって思う。今は別に後悔もしてないし、施設の先生にも感謝してるけど、もっと別の道ってあったのかなって思うときも、やっぱり今でもあるし。

一五歳での措置解除はCさんの選択であり、施設職員も「今から頑張ればCは高校行ける」と言ってはくれていた。しかし、結局Cさんの選択が制限されることはなかった。Cさんはこのような介入のあり方は「ぶん投げだ」と感じている。なぜなら、被虐待児には「自分のすっげえ短い人生の中で歩んできた情報しかない」ため、支援者と同等には将来を予測できないと思うからである。だから、「自分のレベルにあった、分かりやすい砕いた説明」を含め、判断や決定には大人のサポートが必要で、時には「それを止めるのも必要」だと思うのである。

Cさんの語りから、表面的な自己決定の尊重ではなく、将来の被虐待児の福祉のためにこれを否定することも辞さない、支援者が堅実に被虐待児とかかわる「参加」の保障の必要性が指摘される。

3-4-4 同意の逆機能

最後に、「参加」の構成要素の一つである同意の点から、これを基準とすることの危険性について指摘する。

Gさんは一時保護を受ける際に、児相から同意の確認を受けた。Gさんは実父の暴力への恐怖心から一度保護を断り、二度目の提案で同意した。

Gさん：最初は、状況を聞かれたときに、その日すぐに、一時保護っていう制度があって一時保護したほうがいいと思うんだけど、って言われて。でも、家に帰らないとお父さんのほうが怖すぎて、帰りたくないけど、「いや、帰ります」って言って帰ったんですけど。（中略）〔その後あまり日をあけない間に学校に宿泊する行事があり、その宿泊中に〕多分保護所のほうから電話があって、（中略）「やっぱり会議した結果、どうしても今は緊急事態だから保護したほうがいいんだけど」みたいな。「それでも同意してくれる？」みたいな感じで。その時は校長先生も担任の先生もいて、「じゃ、お願いします」みたいな感じで行きました。

（中略）

筆　者：「同意してくれる？」って言われて、「じゃ、行きます」ってなって、そのときは、おうちから離れて学校に泊まっている状況も、「じゃ、行きます」っていう気持ちにプラスに働いたりした？

Gさん：そうですね。家からだと、「帰んなきゃいけない」っていうのがあるじゃないですか。外で一泊したことで、気持ちは確かに楽になりました。「このまま帰んなくていいんだ」みたいな。そんな感じでしたね。

筆　者：じゃあ、そこで同意するときは、精神的なストレスって……

Gさん：さすがにありましたね。

筆　者：それは、やっぱりご両親のことを考えてじゃなくて、決断しにくい……？

Gさん：いや、別にあっちのことを考えてじゃなくて、怖くて。それで帰んなきゃいけない状況になったときに、「どうしよう」みたいな。帰んなきゃいけない状況になってしまったときが、もう最悪だなっていう。でも、このまま本当に帰りたくない、みたいな。で、帰りたくないほうが勝って、で、同意しました。

Gさんが一回目の保護の提案を断った理由は、「家に帰らないとお父さんのほうが怖すぎ」たからであった。二回目の提案で保護に同意した際も、父親が怖かったので、同意にストレスがかかったという。つまり、一時保護を願い出たことに対する虐待加害者からの報復という危険を回避するために、逆に危険のある家庭へ戻ることをGさんは選択していたのである。

介入をおこなう際に同意を得ることは、大人の領域では当然のことであり、被虐待児の「参加」を保障しようとするときにも、その望ましさを全て否定することはできないだろう[8・9]。しかし、Gさんの語りから、被虐待児への介入を同意ベースにすると、逆に当人を危険にさらすことになったり、同意にストレスをかけることになる可能性も指摘できる。つまり、当然のことながら、児童虐待対応においては、当事者の意向にかかわりなく危険であることを理由に介入する必要もある。

3-5　被虐待児の望む介入のあり方

「緩やかな参加」や「放任されない参加」においては、被虐待児が支援者の介入を求める側面がみえる。では、彼らはどのような介入を望んでいるのか。

Gさんは児童福祉司について、自分の「味方」であり、「自分に合ったアドバイスをしてくれるんじゃないかなって思います。今まで長年、って言っても私は二年だけど、一緒にいたから、悪いヒントを与えないだろうっていう安心感」があると言う。そして、「それが児童相談所の、言い方悪いですけど、それが役割じゃないですか」と話す。

Cさんもまた、児童福祉司を「自分のほうについてくれる、パワー〔権力〕のある人」と表現する。そして、被虐待児が措置解除や措置変更を希望したときにも、それを鵜呑みにするのではなく、「『なぜそこまでの気持ちになっちゃったの』って聞ける第三者が必要だよね。それが児童福祉司さんだったり、違う人であったとしても」と話す。

GさんとCさんの語りから、自分の味方になり、自分のためを思って、話を親身になって聞いてくれるような介入を希望していることが分かる。おそらく、ほとんどの支援者が被虐待児のためを思って介入しており、Eさんが不信感を持っている児童福祉司も、Eさんを蔑ろにしようなどとは思っていなかっただろう。しかし、ここで重要なことは、被虐待児がそう思える、その主観的な認知である。

3-6　日本の被虐待児はどのように被介入を経験しているか

以上の日本の被虐待児の被介入経験をまとめる。まず、被虐待児は、児相とかかわりを持つ間、自らの人生を被介入対象だと認識しつつも、「自分の人生である」という意識も持ち続けている。そして、その自らの人生において、「参加」から排除されることは否定的に経験される。ところが、積極的な「参加」こそがよいというわけでもない。第一に、初めて経験する児童福祉制度は、説明されても理解の追いつかないことが多く、判断を求められても判断できない。そのような状況に陥ったとき、信頼できる人に自ら代理判断を求める「緩やかな参加」に切り替えることができれば、被介入は肯定的に経験される。一方で、信頼できる支援者がいない場合には、分からない状況に疲弊しようとも、被虐待児は代理されることを望んでいない。第二に、自己決定の尊重はときに放任でもあり、必要なのは「放任されない参加」だという点がある。支援者と被虐待児では経験に差があるのは当然であり、被虐待児の決定を否定することが被虐待児の福祉になると感じることもある。このとき必要とされるのは、被虐待児の「参加」からの排除ではなく、堅実なる対話である。そして最後に、同意を介入の基準とすることは、ときに被虐待児自身を危険にさらすことになる可能性がある。同意が全て否定されるべきということではないが、虐待加害者からの報復に対する恐怖心から、逆に危険のある家庭に留まろうとする心の動きもある。

日本の被虐待児の被介入経験は、「参加」から排除されれば否定的経験となるが、支援者の介入しない被虐待児自身の判断が手放しで肯定されているわけでもない。「緩やかな参加」や「放任されない参加」では、被虐待児自身が介入を求めている側面もある。そして、これらの介入は被虐待児の「味方」になって、すなわち被虐待児の利益を目指していると被虐待児に主観的に認識されるように、おこなわれる必要がある。

これらの結果は、「参加」の保障が支持される点で欧米における先行研究と一致するが、「『参加』しない権利」にかんする部分では、新たに示されたものがある。Mudaly ら（2006）では、「意見を表明しない権利」の行使は、被虐待児が自分の人生の主導権を保持するために必要とされていたが、本研究では、主導権を持つことの負荷をおろすために必要とされていた（「緩やかな参加」）。つまり、「しない権利」は、自由を守るための「することを強制されない」という意味だけでなく、場の勢力関係のコントロールを企図する「主導権を保持する」意味、そして、することで生じる「負荷から免除される」という意味を持つ、多義的なものである可能性が示唆される。

4　日本の被虐待児の被介入経験とパターナリズム論との接続

さて、被虐待児が被虐待児の利益を目的とする介入を望んでいるということは、ある意味でパターナリズムに基づく介入を求めているとも換言できる。それでは、どのようなパターナリスティックな介入であれば、被虐待児の被介入経験は肯定的なものとなるのか。本節では、上記の被虐待児の被介入経験が、パターナリズムのどの類型と接続するのかをみる。

はじめに、「参加」から排除されることに対する否定的経験は、一切の被介入者の主体性を否定するディープ・パターナリズムの否定ということができる。なぜなら、「参加」とは本人の主体性が認められて初めて可能になり、これから排除されるということは、すなわち主体性が認められていないということであるためだ。

次に、自ら代理判断に委ねる「緩やかな参加」では、リベラル・パターナリズムが求められているといえる。「緩やかな参加」と「参加」からの排除との相違点は、被虐待児本人による「参加」の放棄であるか否かである。「参加」の放棄が可能になるためには、放棄するか否かにかかわる決定権[10]を被虐待児自身が持つ必要がある。被介入者である被虐待児の判断次第で「参加」から降りる、換言すれば、介入者である支援者が被虐待児の「参加」を強制したり、「参加」から排除することを自制するということは、リベラル・パターナリズムの定義に合致する。

第三に、放任を否定する「放任されない参加」では、ハード・パターナリズムが求められていると同時に、単数対象のソフト・パターナリズムが否定されている。ハード・パターナリズムとは、被虐待児の意思に反してもその利益のためにおこなわれる介入である。また、単数対象のソフト・パターナリズムは、被介入者に合理的思考能力があるとされる場合には、それが危険を伴う決定であっても介入しないというパターナリズムの類型である[11]。ただし、このハード・パターナリズムによる介入が肯定的経験となるためには、支援者との堅実なる対話が必要とされることは既にみたとおりである。

最後に、同意の逆機能については、パターナリズムの範疇ではなく、侵害原理による保護が必要とされているといえる。このときの保護とは、保護者の行為に対する侵害原理にもとづく介入による被虐待児の保護と、被虐待児が危険な所に留まろうとすることに対する侵害原理にもとづく保護の二つを含んでいる。ただし、拡大解釈された侵害原理に基づく介入[12]には再考の余地があることは、第5章でみたとおりである。とはいえ、侵害原理にもとづく介入は否定されない。

以上より、被虐待児の被介入経験から、ディープ・パターナリズムと単数対象のソフト・パターナリズムの否定、そして、リベラル・パターナリズム、ハード・パターナリズム、侵害原理による介入が求められていると捉えることができる。

5　日本の被虐待児の被介入経験から構想する望ましい児童虐待対応制度のあり方

5-1　「児童虐待対応制度の構造分析モデル」における望ましい制度の選択

前節の結論は限られた事例に基づく結論であり、過度の一般化には注意が必要である。ただ、試論として、これを第5章の「児童虐待対応制度の構造分析モデル」のパターナリズム論による整理に接続すれば、望ましい制度とは、図表5-3から単数対象のソフト・パターナリズムを削除した「当事者主体的制度」または「子ども中心的制度」だといえる。すなわち、被虐待児に対する支援者または

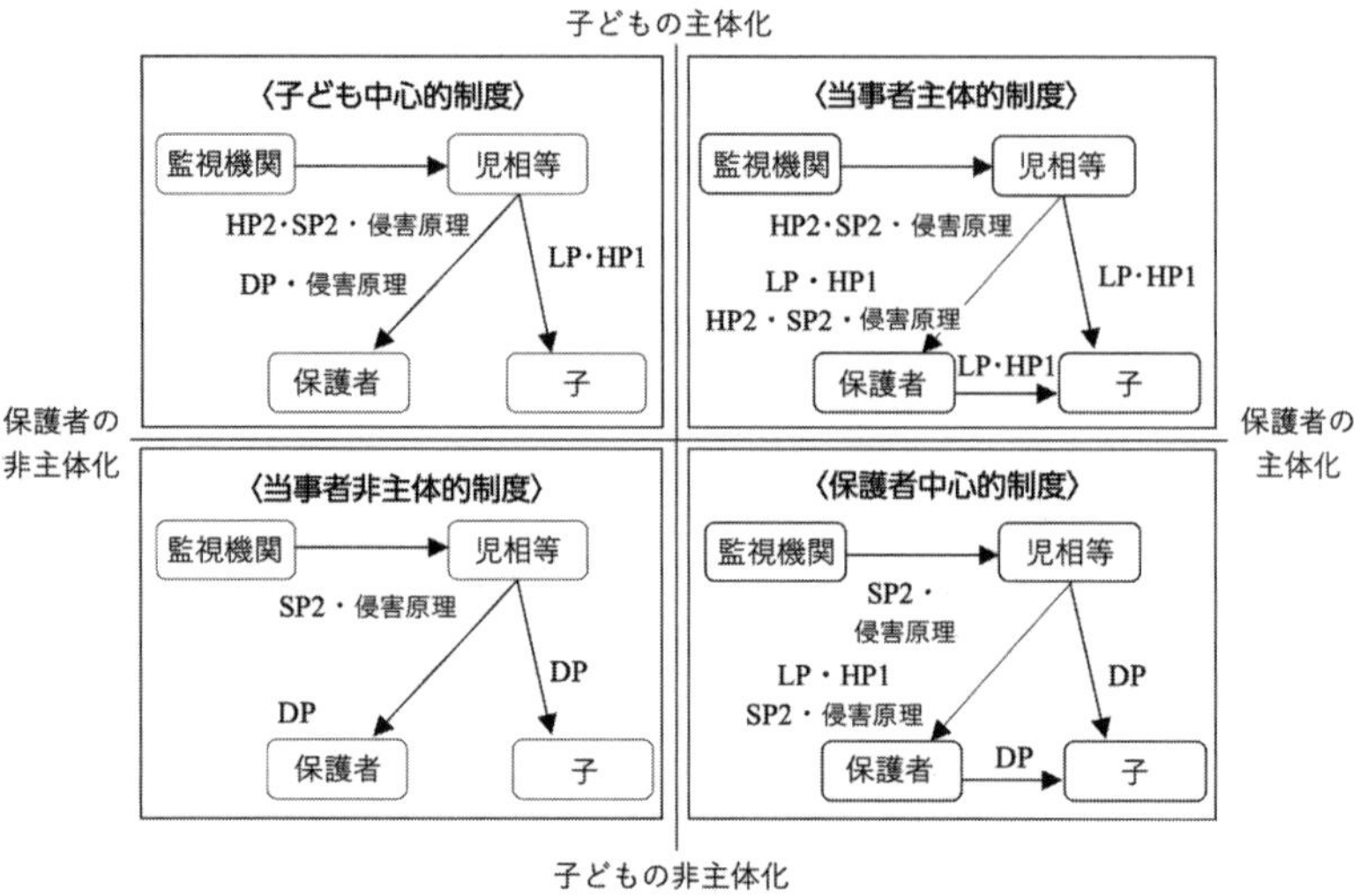

図表 7-2　被虐待児の経験から修正した「児童虐待対応制度の構造分析モデル」の 4 つの制度と被虐待児に対するパターナリズム概念の整理

注：DP は「ディープ・パターナリズム」、HP1・HP2 は「単数／複数対象のハード・パターナリズム」、SP2 は「複数対象のソフト・パターナリズム」、LP は「リベラル・パターナリズム」を指す。
出典：根岸（2018: 96）。

保護者からのディープ・パターナリズムによる介入がなく、リベラル・パターナリズム、ハード・パターナリズム、侵害原理による介入が存在し、しかし最も被介入者の自由を重んじるが放任にもなりうる単数対象のソフト・パターナリズムのない制度である（図表7-2）。

5-2　「当事者主体的制度」と「子ども中心的制度」ではどちらが望ましいのか

それでは、「当事者主体的制度」と「子ども中心的制度」では、どちらが望ましいのか。両制度の相違は保護者の主体性が認められ、その「参加」が認められるか否かである。では、保護者の「参加」について、被虐待児はどのように考えているのだろうか。

実父の身体的虐待から逃れるため自ら児相を訪ねたGさんは、親権停止等による強制措置ではなかったため、その後の分離措置をとるために保護者の同意が必要とされた。このとき、加害者である父親は「帰りたくないという言葉をG本人から直接聞きたい。G本人から聞けば、全てに同意する」と言い、Gさんはこの言葉に従うことになった。Gさんにとっては、「あれは本当につらかった」経験であった。

Gさん：お父さんがどうしても私の口から「帰りたくない」っていうのを聞きたかったらしいんですけど、一回会わなくなったらもう本当に会いたくなくて、もう本当に、本っ当に無理！みたいな感じだったんですけど、「そこは自分で言わなきゃ次に進まないから」みたいな感じで、「そういうけじめをつけなきゃいけない」みたいな〔と児童福祉司に言われた〕。（中略）あれは本当につらかったですね、でも。あれは本当につらかったです。めっちゃつらかったです。もう全然言葉が出ないし、その状態で何分か、一時間か過ぎたのか分かんないですけど、進まないし、でも言わないと自分でも進まないっていうのは分かって言わなきゃいけないんだけど、なんも言えなくて、言った瞬間号泣でバーッてダッシュして。でも、まあよかったです。あれがなかったら進まなかったし。
筆　者：そこで最後に言えたのは、その児童福祉司さんがいてくれたから？
Gさん：うんうんうん、絶対そうです。いなかったら、もう絶対その場所にもいれなかったです。

無理、マジ無理です。（中略）〔父親に言った〕あとに○○さん〔担当児童福祉司〕が来て、いつもどおりの話に戻してくれて、もう後処理完璧でした。すごいモヤモヤが残るのはしょうがないじゃないですか、それはもう。それで良かったのかなみたいな。これでお父さんと一生会わないかもしれない、でも本当のお父さんだしみたいな、それは思うことはあったけど、帰り道はそんなに「やっちゃったー」みたいな感じは全然なかったです。

保護者の「参加」を保障し、そこに被虐待児が対峙させられるとき、児童福祉司の同席がなければそれは「絶対その場所にもいれたな」いほど「無理」な状況であるという。それは、「一回会わなくなったらもう本当に会いたくな」いが、それを保護者に面と向かって言えば、「一生会わないかもしれない」決定的な瞬間になるように感じ、その決定を今ここでしてしまってよいものか、迷うからである。Gさんは担当の児童福祉司を信頼しており、父親との面会の後も、この児童福祉司の対応がよく、取り返しのつかないことをしてしまったような感じはなかったと言うも、「モヤモヤが残るのはしょうがいない」と言う。つまり、保護者が被虐待児と対立するような場合、保護者の「参加」保障のために、被虐待児に「参加」が（曖昧なかたちを含め）強制されると、被虐待児にとっては「それで良かったのか」と「モヤモヤが残る」、肯定的とはいえない経験になることがわかる。

継父から性的虐待を受け、小学六年生で保護されたCさんは、一時保護所に実母が訪ねてきた際、面談室に二人きりで残された。Cさんは、保護される以前に、継父からの性的虐待を実母に話すも信じてもらえず[13]、「『それは気のせいじゃない?』みたいな感じに」なり、実母らとの同居を拒否していた。この面会も「すごい嫌」であり、面談の終了は、「自分が話したいこと話したからもういいよっていうのは、母親のタイミングだった」という。このようにおこなわれた面談は、「いい思い出じゃない」、否定的な経験として記憶されている。Cさんの経験もまた、保護者の「参加」の保障のために、被虐待児に「参加」が強制された例とみることができる。そして、Cさんが母親との面会を否定的に感じた理由は、意思に反して面会させられたことと、母親が自分の虐待被害を信じず、「自分が話したいこと話したからもういいよ」とCさんが感じるようなかたちで面会を切り上げたことにある。

では、保護者の「参加」は制限したほうがよいのだろうか。インタビュー当時中学生だったEさんは、今後のことについて「お母さんと会って、いろいろ話して、そのあとに自分が高校一年生になってから帰りたいっていうのあります」という。Eさんは、児童福祉司から加害者である実母を「好きですか」と問われたことに対し、「そういう質問にすごい困りました。嫌いな部分もあるっていうのもあって、でもあんま好き、よく自分でも分かんなくて、そのときの気持ちがよく理解つかなくて」と話してくれた。実母に対するどちらともつかない感情は持ちつつも、Eさんは実母との話し合い、つまり保護者の「参加」を排除しないことを望んでいるのである。

以上をまとめると、GさんとCさんの語りから、保護者の「参加」保障のために、被虐待児に「参加」が強制されることは、被虐待児の肯定的経験とはならないことが分かる。なぜなら、一つには、これまでの、そしてこれからの親子関係を決定づける責任を負ってしまうように感じられるからである。そしてもう一つには、被虐待児の利益を第一に思う言動が見られない保護者を目の当たりにし続けることが苦痛だからである。一方で、Eさんの語りからは、保護者の「参加」が要請されている。これらを総合するなら、保護者の「参加」を全ては否定しないが、被虐待児の「参加」が優先されるような制度が望まれているといえる。つまり、被虐待児の望む児童虐待対応制度とは、「当事者主体的制度」の中の、被虐待児の「参加」機会が保護者の「参加」機会より重視される制度、「『参加』の権利得点」から換言すれば、子どもも保護者も〇・5以上のメンバーシップ得点を持つが、常に「子ども>保護者」の得点であるような制度である、と結論づけられる。

6　法制度として対応すべきことと法の限界

以上の結果について、法制度としては具体的に何を規定すればよいか。また、それによって日本の被虐待児の福祉は向上するだろうか。

6-1　「『参加』の権利リスト」の再検討

はじめに、第6章と第7章で語られた被虐待児の被介入経験から、法制度として具体的に何を規定するべきかを検討する。ここでは被虐待児の被介入経験と第3章で構築した「『参加』の権利リスト」

を対照し、「当事者主体的制度」に接近するために本リストの何を特に優先して規定すべきであるのか、また、本リストに修正すべき点はあるのかを検討する。

第6章・第7章で語られた被虐待児の被介入経験は、以下のようなものであった。

（1）年齢に関係なく、本人なりの筋を通して判断していると認識している（6章3-1-1）

（2）特別な境遇にあることへの配慮が必要である（不変の保護が保障されていない、精神的な支柱がないなど）（6章3-1-2）

（3）「参加」からの排除は否定的に経験される（7章3-3）

（4）わかりやすく、十分な情報提供の要請（7章3-2, 7章3-3, 7章3-4-3）

（5）意見表明や決定から自由に退出できることが精神的な負荷を軽減する（7章3-4-2, 7章5-2）

（6）代理は信頼している者を希望し、信頼する者がいない場合には代理を希望しない（7章3-4-2）

（7）意見表明や決定によって不利益を被らないことの重要性（現在および将来における心身の危険から守られること）（6章3-2, 7章3-4-3, 7章3-4-4）

まず、措置をめぐる判断において、被虐待児は（1）年齢に関係なく本人なりに筋を通していると認識していることが語られた。この点は、「『参加』の権利リスト」の「Ⅳ『参加』を促進する環境にかんする権利」の「⑰意見を尊重される権利」の一部修正を提案する。子どもの表明された意見は、従来、権利条約にならって子どもの成熟程度に応じて尊重されるとされてきた。しかし、「『参加』の権利リスト」の当該項目については、子どもの年齢の如何によらず、その表明された意見が尊重される権利と規定する。

次に、Cさんから（2）特別な境遇にあることへの配慮が必要であるとの指摘があった。この点は、「Ⅳ『参加』を促進する環境にかんする権利」の新たな項目になる。これは特に被虐待の子どもにとって重要な項目となるだろう。なぜなら、特定の大人による長期的な保護が保障されないという前提は、明らかに非被虐待の子どもと一線を画し、それゆえに一つ一つの決定が不可逆的になりやすいからである。

被虐待児は、児相の介入が開始されれば自らの人生を被介入対象として捉えはするものの、（3）「参加」から排除されればこれを否定的に経験していた。この点からは、「『参加』の権利リスト」の以下の六項目が支持されている。「Ⅰ情報提供にかんする権利」の「③対応内容を周知される権利」と「④家族の状況にかんする情報の提供を受ける権利」、また、「Ⅱ出席にかんする権利」の「⑧出席する権利」、「Ⅲ意見表明にかんする権利」の「⑪意見を表明する権利」と「⑭同意する権利」、さらに「Ⅳ『参加』を促進する環境にかんする権利」の「⑰意見を尊重される権利」である。

では、なぜ「参加」から排除されると否定的経験となったのか。それは、被虐待児も今後の見通しを立てているため、（4）わかりやすく十分な情報提供を必要としているからであった。この点については、まず、前者のわかりやすさについて、「Ⅳ『参加』を促進する環境にかんする権利」の「⑲

少数言語の補助および分かりやすい言葉やツールを使用してもらう権利」を支持しているといえる。また、後者の情報提供の十分性については、「Ⅰ情報提供にかんする権利」の新たな項目として提案できるだろう。この十分性には、二つの意味が含まれる。一つは、理解あるいは納得できるまで繰返し説明されること、もう一つは、被虐待児本人にかんする全ての情報が提供されることである。さらに、十分な情報提供を望む声はあったが、情報提供を拒絶する声は聞かれなかった。このことから、「⑦周知されない権利」は必要とされていない可能性がある。

では、被虐待児は処遇計画への積極的な参加をのみ希望しているかといえば、そうではない。いくら説明を受けても理解のおいつかない状況において、（5）意見表明や決定から自由に退出できることは、被虐待児には肯定的な経験となっていた。この点は、「Ⅱ出席にかんする権利」と「Ⅲ意見表明にかんする権利」の「しない権利」を、「強制されない」ものとして再構成することが提案できる。

このさまざまな判断や決定を他者に委ねることについて、被虐待児は（6）信頼している者による代理を希望する。この点は、「Ⅴ代理にかんする権利」の新たな項目を提案する。この希望の意図は、代理人は誰でもよいわけではなく、信頼のおける者を選択したいということにある。そこで、「代理人を選択できる権利」として、「『参加』の権利リスト」に新たに加える。また、信頼する者がいない場合には代理を希望しないとの点は、「Ⅴ代理にかんする権利」の「㉙代理人をつけない権利」を支持している。

最後に、Gさんが虐待加害者である父親からの報復を恐れて一時保護に同意できなかったこと、またCさんが一五歳での措置解除の選択を「止めてほしかった」と語ったことから、（7）意見表明や決定によって被虐待児が不利益を被らないことの必要性が指摘できる。この点については、「Ⅳ『参加』を促進する環境にかんする権利」に新たな項目として提案できる。これは、現在および将来の心身への危険から守られる権利として構成できる。

以上の内容を反映させた「『参加』の権利リスト」が、図表7-4「日本の被虐待児の声を反映した『参加』の権利リスト」である。項目数は四増え、全三七項目となった。このなかから日本の被虐待児の声としてあげられた一五項目（表中の太枠の項目、すなわち③・⑤・⑧・⑨・⑪・⑫・⑭・⑮・⑰・⑱・⑳・㉘・㉙・㉜・㉝）が、「当事者主体的制度」に近接するために優先して規定されるべき内容であるといえる。

6-2 法の領分

それでは、上記の一五項目が法に規定されれば、日本の被虐待児の福祉は向上するのか。

法とは、普遍的な適用を意図したものであり（Fineman=2003: 36; 井上 1997: 120-1）、個々の物語（文脈）を許容しないものである（Derrida 1984=1986: 26）。また、法は形式をそろえることはできるが、情緒的なものを拾うことはできない（宇都 2012: 119-20,129）。つまり、第6章・第7章の結果のうち、普遍的・形式的にできることは法制度が引き受けるが、個々の文脈や情緒に属するものはソーシャルワークに依存することになる。

図表 7-4　日本の被虐待児の声を反映した「参加」の権利リスト

「参加」の権利項目		具体的内容
Ⅰ 情報提供にかんする権利	①権利のあることを周知される権利	出席する権利・意見を表明する権利・意見表明を促進する環境に関する権利・代理の権利の全て、またはいずれかについて周知される権利
	②権利について周知しない理由の報告・記載	上記の権利を周知しない場合、その理由を記載または報告する義務、あるいは上級組織・機関が当事者に当該情報を既に持っているか確認をおこなう義務
	③対応内容を周知される権利	当該虐待ケースについて、今後なされうる対応あるいはこれまでにとられた対応について周知される権利
	④対応内容を周知しない理由の報告・記載	上記の内容を周知しない場合、その理由を記載または報告する義務、あるいは上級組織・機関が当事者に当該情報を既に持っているか確認をおこなう義務
	⑤家族の状況にかんする情報の提供を受ける権利	虐待加害者・虐待被害者の置かれている状況、およびその家族に関する情報の周知をうける権利
	⑥家族の状況について周知しない理由の報告・記載	上記の内容について周知しない場合、その理由を記載または報告する義務、あるいは上級組織・機関が当事者に当該情報を既に持っているか確認をおこなう義務
	⑦周知されない権利	以上の内容についての周知を受けない権利
	⑧十分な説明を受ける権利	以上の内容について、虐待被害者本人がかかわる全ての情報を、本人が十分に納得、理解できるまで繰り返し説明を受ける権利
Ⅱ 出席にかんする権利	⑨出席する権利	虐待認定･処遇計画の策定･処遇決定･処遇内容の変更･処遇終了の決定における、虐待加害者･虐待被害者の出席に関する権利
	⑩出席させない理由の報告・記載	上記の権利を認めない場合、その理由を記載または報告する義務、あるいは上級組織・機関が当事者に当該情報を既に持っているか確認をおこなう義務
	⑪出席することを強制されない権利	虐待認定･処遇計画の策定･処遇決定･処遇内容の変更･処遇終了の決定において、虐待加害者･虐待被害者が出席することを強制されない権利
Ⅲ 意見表明にかんする権利	⑫意見を表明する権利	虐待認定･処遇計画の策定･処遇決定･処遇内容の変更･処遇終了の決定において、虐待加害者･虐待被害者が自ら意見を表明することができる権利、または意見を聴かれる権利
	⑬意見表明の機会を作らない理由の報告・記載	上記の機会を作らない場合、その理由を記載報告する義務、あるいは上級組織・機関が当事者に当該情報を既に持っているか確認をおこなう義務
	⑭意見を表明することを強制されない権利	虐待認定･処遇計画の策定･処遇決定･処遇内容の変更･処遇終了の決定において、虐待加害者･虐待被害者が自ら意見を表明することを拒否できる権利、または意見を聴かれることを強制されない権利
	⑮同意する権利	虐待認定･処遇計画の策定･処遇決定･処遇内容の変更･処遇終了の決定において、虐待加害者･虐待被害者がその内容に同意する権利
	⑯同意を求めない理由の報告・記載	上記の機会を作らない場合、その理由を記載または報告する義務、あるいは上級組織・機関が当事者に当該情報を既に持っているか確認をおこなう義務
	⑰同意することを強制されない権利	虐待認定･処遇計画の策定･処遇決定･処遇内容の変更･処遇終了の決定において、虐待加害者･虐待被害者がその内容に同意することを強制されない権利
Ⅳ 「参加」を促進する環境にかんする権利	⑱年齢によらず、意見を尊重される権利	虐待加害者・虐待被害者の意見が、その年齢にかかわらず、行政・司法関係者等、虐待ケースへの対応を決定する者から尊重される権利
	⑲意見を尊重しない理由の報告・記載	行政・司法関係者等、虐待ケースへの対応を決定する者が、虐待加害者・虐待被害者の意見を尊重しない場合、その理由を記載または報告する義務、あるいは上級組織・機関が当事者に当該情報を既に持っているか確認をおこなう義務
	⑳少数言語の補助および分かりやすい言葉やツールを使用してもらう権利	面接や書面によるやりとりの際に、虐待加害者・虐待被害者の出自民族・地方の言語、又は易しい公用語、絵や人形等が使用されることで、当該両者の十分な理解を促進してもらう権利
	㉑繰り返し聴取されない権利	虐待加害者･虐待被害者の発言内容の変容の防止、あるいは心理的負担の軽減の目的で、テープレコーダーやビデオの使用のもと、虐待の状況について繰り返し聴取されない権利
	㉒繰り返し聴取されない権利を認めない理由の報告・記載	上記の措置をとらない場合、その理由を記載または報告する義務、あるいは上級組織・機関が当事者に当該情報を既に持っているか確認をおこなう義務

	㉓司法へアクセスできる権利	虐待認定・処遇の決定・処遇内容に関し、虐待加害者・虐待被害者が不服のある場合に、司法制度に審理請求・再審請求・上訴できる権利
	㉔司法へアクセスさせない理由の報告・記載	上記の権利を認めない場合、その理由を記載または報告する義務あるいは上級組織・機関が当事者に当該情報を既に持っているか確認をおこなう義務
	㉕苦情申し立てシステムを利用できる権利	行政機関内の苦情申し立てシステムを利用できる権利
	㉖苦情申し立てシステムを使用させない理由の報告・記載	上記システムを利用させない場合、その理由を記載または報告する義務、あるいは上級組織・機関が当事者に当該情報を既に持っているか確認をおこなう義務
	㉗安心して意見表明できる環境が与えられる権利	虐待加害者・虐待被害者が意見を表明する際、強制や抑圧のないリラックスできる空間・関係性が確保される権利（例。虐待被害者の年齢に応じ面接官・代理人は人形を使う、壁紙・インテリア・服装への配慮等）
	㉘特別な境遇にあることに配慮される権利	虐待被害者が意見表明や選択をする際、これらの者が、現在および将来において、不変の保護を受ける状況にないことに十分な配慮を受けてその意思や利益が守られる権利
	㉙意見表明等によって不利益を被らない権利	虐待被害者が意見表明や同意、決定をおこなうことで不利益が生じないよう、当該本人が現在および将来における心身の危険から守られる権利
Ⅴ 代理にかんする権利	㉚代理人をつける権利	虐待加害者または虐待被害者が、虐待ケースへの対応開始から終了までの全ての期間、あるいは特定の期間において、公人・私人を問わず、虐待対応をおこなう機関とは独立した第三者で、虐待加害者・虐待被害者と直接話しをしながら、両者の利益・意見を援護し、この保護に努める者を利用できる権利
	㉛代理人を認めない理由の報告・記載	上記の権利を認めない場合に、その理由を記載または報告する義務、あるいは上級組織・機関が当事者に当該情報を既に持っているか確認をおこなう義務
	㉜代理人を選択できる権利	上記の代理人について、虐待被害者が選択できる権利
	㉝代理人をつけない権利	上記の者を利用しない権利
	㉞裁判所に代理人を任命してもらう権利	貧困等の経済的理由等から、上記の者が利用できない場合に、裁判所の任命等により公費で上記の者を利用できる権利
	㉟任命しない理由の報告・記載	上記の権利の保障を行わない場合、その理由の記載または報告する義務、あるいは上級組織・機関が当事者に当該情報を既に持っているか確認をおこなう義務
	㊱代理人等の訓練	虐待および虐待加害者・虐待被害者に関する社会学的・心理学的・発達心理学的知見について教育を受けた代理人、児童虐待を扱う司法機関・行政機関・医療機関・教育機関関係者に対応してもらう権利
	㊲当事者団体	メンバーに保護者あるいは虐待サバイバーの成人を含む、行政機関・司法機関から独立した、当該ケースの評価・支援過程に直接関わる委員会・団体から直接的・間接的にエンパワメントされる権利

出典：根岸(2018: 101-2)。

どういうことか。それは、上記の一五項目を法律上規定しても、その実質は法律では担保できず、ここに法の限界があるということである。なぜなら、「緩やかな参加」は、被虐待児が自ら認めた相手に判断を委ねる行為であり、このような被虐待児が寄せる信頼を、法律は創出できないからである。また、「放任されない参加」は、被虐待児の判断を放任せずに、被虐待児が理解できる言葉で根気強く説得することを求めるものであるが、これは「参加」からの排除と紙一重であり、これを「放任されない参加」と被虐待児が認識するためには、やはり説得者への信頼が必要であるからだ[14]。被虐待児と支援者との間の信頼は、まさに個々の文脈の産物であり、情緒的なものに属する。法の射程ではないのである。

このことはつまり、「参加」する権利が法に規定されても、適切なソーシャルワークがなければ、被虐待児の福祉は実質的には向上しないことを示している。これはMudalyら（2006）の研究でも、形式的な意見表明の機会の無意味性として報告されているが、本研究のインタビューにおいても同様のものが聞かれた。例えば、児童福祉司に特に信頼を寄せてはいないAさんやBさん、Hさん、Iさん、Jさん、Kさんは、定期的に訪問する児童福祉司が一定の質問をすることについて「意味がない」といい、Aさんは「〔自分の措置をめぐる相談者として〕児童福祉司は関係ない人」だという。一方で、話を聞いてくれたと感じて児童福祉司に信頼を寄せるDさんやGさんは、児童福祉司との定期的な面会を肯定的に経験している。このような本研究の結果は、被虐待児が肯定的・実質的に「参加」する権利を行使できるのは、信頼できる相手に対してであることを示唆する[15]。そして、信頼は法律が統制できないものである以上、被虐待児の実質的な「参加」の保障は、ソーシャルワークに依存することになるのである。

では、法制度上被虐待児の「参加」を規定する意味はあるのだろうか。「参加」の実質がソーシャルワークに依存するのであれば、法制度に「参加」を組み込む必要はないのではないか。

繰り返しになるが、法とは普遍性を指向するものである。また、末川ら（2009）によれば、法の本質は統治であり、それ故に特有の物理的な強制力を持っている（末川ら 2009: 27-8）。被虐待児の「参加」する権利を法制度上規定すれば、被虐待児は一律に「参加」する権利を保障されることになる。そうすることで、勢力の不均衡性のなかで、支援者の恣意により参加から排除されたり参加を強制されたりすること、あるいは文脈的・非形式的なパレンス・パトリエ思想やパターナリズムの過度な適用を防ぐことができる。また、法そのものは個々の文脈を許容できないが、対話をベースとする「参加」を保障することで、個々の文脈を取り込む契機も一律に保障される。ここで、本章で支持された各種のパターナリズムに基づくソーシャルワークによって「参加」が形式的なものに留まることなく実質的なものになるなら、一人ひとり異なる文脈を持つ被虐待児の福祉を向上させる可能性も開かれる。つまり、法制度上「参加」を保障する意味とは、どの被虐待児にも平等に「参加」の契機を約束することにあるのである。

7　子どもの「参加」権論における日本の被虐待児の声の位置づけ

では、本研究で得られた被虐待児の被介入経験は、子どもの「参加」権論においてどのように位置づけられるだろうか。

これまでの子どもの「参加」権の議論の焦点は、二つに大別される。子どもの「参加」権とはどのようなものであるのかという論点と、子どもの「参加」権はなぜ保障されるべきなのかという論点である。

7-1　「子どもの『参加』権とはどのようなものであるのか」との論点における本結果の位置づけ

従来、子どもの権利は、その本質をめぐり三つの説がとられてきた。すなわち、子どもの権利意思説、子どもの権利利益説、そして、関係的権利説である（世取山 2003; 大江 2004）。子どもの権利意思説とは、子どもの自己決定を中心とする子どもの意思を子どもの権利の本質とする説である。一方、子どもの権利利益説とは、子どもの意思にかかわりなく同定される子どもの利益を、子どもの権利の本質とするものである[16]。これら二つの説は互いに相克するが、二〇〇〇年以降、さらに関係的権利説が提唱されるようになった。関係的権利説とは、Minow[17]が提唱した、子どもを主体とする、子どもが保護者や社会・国家との関係を持つ権利の保障をベースとして、子どもと大人との共同性のなかで意思決定をおこなうことを、子どもの権利の本質とするものである[18]。この第三の説が他の二説と異なる点は、他の二説が子どもと大人との協働を許容しないのに対し、関係的権利説は子どもと大人との協働を許容する点にある。

権利条約第一二条の意見表明権ないし子どもの「参加」という場合、子どもの権利意思説とは異なり、子どもに全ての決定権を与えることを意味するわけではないということは、現在では広く共有されている。そこで予定されているのは、子どもと大人との対話である。つまり、子どもの「参加」権は、関係的権利説によって導かれるものと解されているといってよい。

本研究で示された被虐待児が望む「参加」のあり方は、関係的権利説および一部で子どもの権利利益説による権利の構成を支持する。なぜなら、被虐待児が望む「緩やかな参加」や「放任されない参加」は支援者との関係性の上にしか成立しえないものであり（関係的権利説）、危機介入時には侵害原理による介入も必要とされるものの（子どもの権利利益説）、一方的に決定されること（子どもの権利利益説）や放任されること（子どもの権利意思説）は望まれていないからである[19]。

また、関係的権利説をとる子どもの「参加」する権利については、従来、積極的な意味が予定されてきた。例えば、世取山（2003）は、子どもを「〔外界から〕刺激を受けると同時にそれに働きかけてそれを改革（transform）する主体」（世取山 2003: 146、〔 〕内引用者加筆）とみるVygotskyの子ども観を継承し、権利条約第一二条を「具体的な文脈のなかにおいて、子どもが現実を認識し、現実を独自の形で統合し、子どもがその子どもに直接する大人に働きかけ、それから応答を引き出し、大人との関係を変更していく〝力〟を持つ主体であるということを『権利』として承認する」（ibid: 152、傍点は引用者）ものと解釈する。また、Stern（2006）は子どもの「参加」権を意思決定 decision-making 過程への参加と表現し、例として情報提供を受ける権利、自由に考える権利、集会に参加する権利をあげたのち、実際におこなわれる active 子どもの参加は、子どもの発達にとっても社会の結合力の向上にとっても益のあるものになると述べる（Stern 2006: 126）。これらの議論の子どもには、大人との対話において積極的に参加する（「　」のない参加、すなわち「しない権利」や「情報提供を受ける（だけの）権利」などを含まない、一般的な意味での参加をする）子どもが前提されている。

　児童虐待対応においても、子どもの「参加」権は子どもの積極的なかかわりが予定されている。例えば、イギリスの児童保護[20]対応方針を定めた Working together to safeguard children（2015）には、子どもは意見を聞かれたいと思っており、専門家は子どもと話し、その声を聞き、その意見を真剣に取り上げるべきだと記載されている（Department for Education 2015: 10、筆者訳）[21]。また、栄留（2009）は、「意見表明権は意見を述べること及び参加することの権利保障という側面だけではなく、その意見表明の過程が子どものエンパワメントにつながり、子ども関係者や虐待者の子ども観の変化を促す」（栄留 2009: 30）と述べ、子どもが意見を表明することができる仕組みづくりの重要性を指摘する。

　本研究で示された「放任されない参加」も、大人との積極的な対話を求めるものである。その意味で、「放任されない参加」は従来の子どもの「参加」権理解の正しさを追認するものである。ただしその実は、周囲を変化させることではなく、他の可能性を大人から引き出し、自らを変化させることを重視するものである。一方で、「緩やかな参加」は、従来の子どもの「参加」権論では焦点化されてこなかった、消極的な参加のあり方を示すものである。そこでは、大人に働きかけ、大人を含む周囲のあり方を変化させるような参加ではなく、意識的・無意識的に関係なく自ら判断を信頼できる他者に自ら委ねることができる「参加」のあり方が求められている。これは、他者が子どもを保護が必要な者とみなしてそのように扱うこととは異なり、かつ、他者が子どもを自立的な存在とみなしてそのような振る舞いを求めることとは異なる。これは、積極的な参加か、あるいは保護的取り扱いが優先される参加からの実質的な排除か、というゼロサム的な「参加」のあり方ではなく、子どもの任意でその間を行ったり来たりすることを許容する「参加」のあり方を示すものである。そして、権利とは、これを持つ者の利益を守るためのものであるから、このような「緩やかな参加」概念から、子どもの「参加」権は、積極的にかかわる権利のみならず、関係性のなかで時に自ら依存することを選択できる権利を含むものとして再構成することができる。

7-2 「子どもの『参加』権はなぜ保障されるべきなのか」との論点における本結果の位置づけ

つぎに、子どもの「参加」権が保障されるべき理由をめぐる議論における、本結果の位置づけを整理する。子どもの「参加」権が保障されるべき理由については、従来、子どもの「参加」が自律的な大人に向けた子どもの自律性の陶冶・発達に寄与するとの議論が多くを占めてきた（Stern 2006: 125-6）。例えば、世取山（2003）は、権利条約第一二条が重要である理由を「子ども期の全体にわたって子どもの発達にとって不可欠である大人との関係を保障するから」（世取山 2003: 152）だと述べる。また、許斐（2001）も、「もともと子どもは過ちを繰り返しながら成長するもの」（許斐 2001: 170-1）であり、「正しく判断する力と自ら問題を解決する力を、自分自身で獲得する」（ibid: 171）ために、子どもの「参加」を「大人が援助するという視点が必要になってくる」（ibid: 171、傍点は著者）とする。

一方で、少数派として、こうした未来指向を採らず、子ども存在として「参加」することそれ自体が社会にとって利益になることを、子どもの「参加」が保障されるべき理由とする議論もある。例えば、Stern（2006）は、子どもが大人とは異なる存在として実質的に社会に参加することが、当該社会の民主主義の広がりと発展に寄与すると主張する（Stern 2006: 127）。

子どもの「参加」権が保障されるべき理由について、本研究の結果は先行研究の知見にさらなる視点を加えるものである。本研究の結果が示すのは、子ども期と、そこから連なる成人期にある（元）子ども個人の福祉に寄与するため、ということである。大江（2004）が指摘するように、子ども期には、自律性を陶冶する期間というだけでなく、子ども期としての意味があるだろう（大江 2004: 85）。本研究で被虐待児から聞かれた「参加」にかんする肯定的／否定的経験は、被虐待児がその時点でおかれている子ども期の意味が、「参加」の保障によって左右されることを示している。そして、子ども期の「参加」の保障は、その後の子ども個人の福祉にも影響を与えている[22]。だから、被虐待児の「参加」は、権利として保障されるべきだといえるのである。

8　小括

本章では、被虐待児の望む児童虐待対応制度のあり方について、元被虐待児の主観的な経験から考察した。被虐待児は、児相とかかわりを持つことになった／なっている数年間について、これを被介入対象と認識しつつも自らの人生として見通しを持とうとしていた。そのために、主体性を認められず、「参加」から排除されれば否定的な経験となった。一方で、積極的な「参加」こそよいかといえば、「緩やかな参加」や「放任されない参加」、あるいは同意の逆機能ともいえるような場面においては、児童福祉司をはじめとする支援者の介入も求められている。そして、保護者の「参加」との間では、保護者の「参加」保障も求められるが、被虐待児の「参加」の機会やその内容がより重視されなければ肯定的な経験とはならない。

こうした被虐待児の声をパターナリズムの類型に対応させ、「児童虐待対応制度の構造分析モデル」に接続した結果、「当事者主体的制度」の、保護者より被虐待児の主体化が勝る領域が、被虐待児の望む児童虐待対応制度のあり方であることが明らかとなった。第5章の結論と総合すると、望ましい児童虐待対応法制度のあり方とは、本章で得られた結論の位置にある制度ということができる。日本の法制度は、第4章でみたとおり「当事者非主体的制度」に位置するため、保護者と、そして特に被虐待児の「参加」を保障する方向で改正することが望まれる。このとき具体的に法規定に盛り込むべき内容は、以下の七つの権利にかかわる、「『参加』の権利リスト」に掲載された一五項目の参加の権利であった。すなわち、子どもの視点に立った分かりやすく十分な情報提供を受ける権利、参加する権利、参加を強制されない権利、年齢に関係なく意見を尊重される権利、特別な境遇にあることに配慮される権利、「参加」によって不利益を被らない権利、そして、信頼している者に代理を受ける権利の七つの権利である。

第5章・第6章・第7章からなる第3部で、本研究の研究小課題二「望ましい制度のあり方の構想」に一つの提案を得た。パターナリズム論と被虐待児の被介入経験からみえてきた制度改正の方向性は、第2章で一部とりあげた支援者の観点からみたそれとは異なるものであった。このことは、支援者の観点からみた制度改正の提言が不適切であるという趣旨のものではなく、新たな提案である。

また、被虐待児の「参加」経験は、子どもの「参加」権をめぐる議論にも新たな視点を提示する。第一に、子どもの「参加」権がどのようなものであるかとの点について、従来は積極的な意味から構成されるものと理解されていたが、「緩やかな『参加』」から、消極的な参加のあり方も子どもの「参加」を構成するものとして提案される。また、第二に、子どもの「参加」権がなぜ保障されるべきかとの点について、従来は自律性の陶冶が主流を占めており、少数派として子ども期の「参加」が当該社会の民主主義の発展に寄与するとの議論がみられたが、本研究の結果は、子ども期とそれに連なる成人期の子ども個人の福祉のために、子どもの「参加」が重要であると提案する。以上の知見も、従来の議論を否定するものではなく、加えられるべき新たな視点として提示するものである。

さらに、被虐待児から示された「参加」権のあり方は、子どもの「参加」権ではなく、暴力被害者の「参加」権のあり方をどう考えるか、との議論にも接続する。この点については本書では検討できていないが、暴力被害者には、例えば同意の逆機能にみるような、非被害者とは異なる特別な文脈が存在する。この点は今後の課題としたい。

では、被虐待児の「参加」する権利が保障される方向での改正の可能性はあるのか。第４部で検討する。

■注

1 ＣＡＣはアメリカで誕生し、スウェーデンに紹介された経緯を持つ（Rädda Barnen 2013: 7）。

2 Rasmusson（2011）は非加害親もインタビュー対象としているが、本書は被虐待児を研究対象とするため、ここでは子どもに対する結果のみ扱う。

3 筆者が二〇一五年に調査に入ったスウェーデン、ストックホルム市のＣＡＣでは、被虐待児の面接は、大人が質問し被虐待児が答えるという形ではなく、被虐待児が話したくなったタイミングで、同席している被虐待児の話を聞く専門家（当該ＣＡＣでは特別な訓練を受けた警察官）に話をする方法を採っていた。面接部屋には、机と椅子ではなく、ソファとおもちゃや本などが置いてあり、被虐待児はそれらで遊ぶなどしてリラックスできるよう配慮されている。同様の面接方法をとっている場合には、面接における被虐待児の心理的負担の軽減も、意見表明が肯定的に経験されたことに寄与した可能性がある。

4 具体的には、「ぼくが小さかったとき、裁判所はぼくの言うことを聞いてくれず、法廷に入れることさえ望まなかった。ぼくに起きたことはほとんど知らないのに。アンフェアだと思わない？」（一三歳男）（Mudaly

et al. 2006: 106）、「児童保護局〔引用者注：日本の児童相談所にあたる機関〕があなたの人生をコントロールし、あなたやあなたの全てのための決定をする。（中略）彼らの介入を受けるということは、自分自身で立つ能力、自分自身で決定する能力をなくすようだ」（年齢性別無記載）（ibid: 111）など。

5　具体的には、「警察が父を訴えるなら、私がその決断をする必要がなくなって、罪の意識を持たなくてよいから、それは悪くないこと」（一八歳女）（ibid: 110）、「どのくらい話すかは意識的に決めていた。（中略）児童保護局がかかわるようになってから、細かいことは言わなかった。だって彼らが何をするのか分からなかったから」（一八歳女）（ibid: 90）など。

6　具体的には、「本当のことを信じたいと思わずに、より簡単なほうを信じたいと思っているだけ」（一二歳女）（ibid: 104）など。

7　児童養護施設や里親等の社会的養護に措置された場合には、退所に向けた自立支援計画が立てられるが、本書で扱う「措置計画」は子どもの自立を目標とするものではなく、ケースそのものの見立てや進行管理、措置解除までのプランを指す。現状、法律上このような計画を指す用語がないことから、「措置計画」という語をおく。

8　例えば、AさんやEさんは、同意していない措置先に決定されたことで、児童福祉司に不信感を抱いたり、不満を抱えた数年間を送るなどしていた。

9　子どもを対象とする同意の功罪については、大江（2003）が整理している。

10　ここでいう決定権とは、意思表明を伴うものだけでなく、Eさんのように自然とそうなっていたという形態のものを含む。

11　単数対象のソフト・パターナリズムはまた、被介入者に合理的思考能力がなければ、無制限に介入するというパターナリズムの類型でもある。この単数対象のソフト・パターナリズムの性質はディープ・パターナリズムと重なり、これは被虐待児の経験から否定されている。

12　かつてアメリカでは、貧困により子どもの発達が十分でないとき、これを子どもへの侵害とみて介入がおこなわれていた。これの反省として、一九〇九年に白亜館会議（ホワイトハウス会議）にて貧困を理由に家族を解体してはならないと宣言が出された（古川 1992: 124）。

13 Cさんは実父にも同様に話したが、やはり信じてもらえなかったという。

14 Aさんは、自身が望まない里親家庭への措置変更について、Aさんが信頼を寄せていた施設職員からの説得であれば、もう少し納得がいっていたと思うと話してくれた。

15 信頼関係による「参加」の肯定的意味づけは、児童福祉司との関係に限定されない。児童福祉司には信頼を寄せないが、里親に信頼を寄せるAさんやFさんは、里親との間で「参加」を肯定的に経験している。

16 これら二つの説の背景には各々、子ども解放論と子ども未熟論／無能力論があると考えられる（c.f. 太田 1997: 32-3）。

17 Minow の議論については、Minow（1990）などを参照のこと。

18 Minow の関係的権利論は、世取山（2003）が Vygotsky 心理学との接続を、大江（2004）が独自の論理展開を図ることによって、さらに子どもの「参加」の基礎づけとして精緻化されている。

19 ただし、Mudaly ら（2006）で報告されている被虐待児の声には、一部で被虐待児の「参加」権を子どもの権利意思説によって構成すべきとよめるものもある。例えば、ケース進行の主導権をめぐる声などがそれにあたる。しかし、Mudaly らによるこの点の分析はなく、インタビュイーの被虐待児たちの置かれている文脈も不明瞭であるため、ここでは立ち入った分析はおこなわない。

20 欧米において児童保護（child protection や child safeguard）は、多くの場合児童虐待からの保護を意味する。

21 引用の記述は二〇一五年版のものだが、同様の記述は少なくとも一九九九年版から見られる。

22 例えば、Aさんは施設から里親家庭へ措置変更してから後数年の間、納得のいかない心情を持ち続けざるを得なかった。また、Cさんが、後悔はしていないとしながらも、一五歳での措置解除を施設職員に「全力で止めてほしかった」と語るのは、その後の人生に一五歳での措置解除の影響を感じずにはいられなかったからである。既に成人しているCさんの現在にも、子ども期の判断は影響しており、その判断とは「参加」の所産である。

第4部　「望ましい」制度は実現できるのか

第8章 日本の児童虐待対応法制度の構造を支えるものは何か

1　本章の目的

アメリカの法学者 M. Fineman によれば、法とは「支配的な文化的・社会的イデオロギーを反映したより大きな規範的体系のもとに編み込まれ、それによって制約を受けているもの」（Fineman＝2003: 33）であるという。児童虐待対応関連法も法である以上、例外ではないだろう。そうであるならば、被虐待児の「参加」が保障された制度が望ましいとする第7章の結果の実現可能性も、その制約の如何によって左右されることになる。

そこで、本章では、日本の児童虐待関連法に通底する被虐待児の「参加」にかんする思考の枠組みを明らかにし、第7章の結果の実現可能性について検討する。

2　児童福祉法または児童虐待防止法の立法ならびに改正過程にかんする先行研究

児福法と虐防法の立法や改正過程にかんする先行研究は厚いが、これらの背景にある思考の枠組みを扱ったものはごくわずかである。

東野・山瀬（2004）は、虐防法の立法過程における「青少年問題に関する特別委員会」（以下、青少年特）の審議を対象に、ここにみられる子ども観を明らかにした。東野らは、当該委員会の議事録から委員の子どもにかんする発言を取り出し、以下の六つのカテゴリに整理した。すなわち、守るべき存在としての子ども、無力な存在としての子ども、将来を担う存在としての子ども、可塑性に富んだ存在としての子ども、非養育者としての子ども、そして、意思決定の主体・権利の主体としての子どもである。そして、前五者を「客体としての子ども」と、最後の一つを「主体としての子ども」とまとめている。

東野らの研究は、虐防法の子どもをめぐる思想に注目した、貴重な研究である。一方で、児童虐待対応で用いられるもう一つの法律である児福法は対象に含まれておらず、また、「参加」に注目することが狙いでないために、審議で「参加」の視点が出ながらも法律に反映されなかった背景については言及されていない。特に後者については、法の条文そのものにどのような制約が働いているのかを明らかにする上では、重要な点である。

また、勝田（2015）は、「市民が法律をつくるために必要な因子を明らかにすること」を目的に、虐防法の立法過程および改正過程を唱道連携モデル[1]から分析する。この分析の過程で、分析項目の一つとしてイデオロギーが投入されている。勝田は、虐防法の立法過程で見られたイデオロギーを「子どもの健全な育成・成長というイデオロギー」（勝田 2015: 15）と同定し、これを本法の制定に後ろ向きだった官僚と、本法の制定を強く希望した市民団体とが共通して保持していたことが、虐防法の「立法を推進した因子」（ibid: 15）の一つであると結論づける。

勝田の研究では、虐防法の立法関係者の持つイデオロギーとして「子どもの健全な育成・成長」が同定されたことは大きいが、これが研究目的ではないために、その論拠は明確にされていない。また、勝田の研究関心は、言うまでもなく法制定に対する市民活動の重要性にあるため、被虐待児の「参加」については扱われていない。

以上から、児福法と虐防法における被虐待児の「参加」をめぐる思考の枠組みはまだ十分に明らかにされているとはいえない。そのため、本章では、児童虐待対応関連法にかんする立法府および周辺の委員会における審議を分析し、被虐待児の「参加」をめぐる記述のされ方とその背景にある思考の枠組みを検討する。具体的には、児福法および虐防法に関連する、衆議院・参議院の本会議および厚生／厚生労働委員会、青少年特、社会保障審議会ならびにその下部の専門委員会の議事録を分析対象とする。法に影響を与える「支配的な文化的・社会的イデオロギー」を明らかにするためには様々な方法があるが、ここで立法府等の法制定に関連する審議の議事録を分析対象とするのは、当該審議が最も直接的・最終的・具体的に法の規定そのものの形成に関与するためである。

3　立法府等の審議で被虐待児の「参加」はどのように扱われたか

児福法および虐防法に関連する審議において、二〇一七年四月までの間で被虐待児を含む子どもの「参加」が議論にのぼったのは、児福法の一九九七年の改正時[2]と二〇一六年の改正時[3]の二回[4]、および虐防法の制定前夜に開かれた一九九九年の衆議院青少年特別委員会である。なお、児福法の一九九七年改正は、虐防法の制定が議論される前ということもあり、厳密には被虐待児に焦点化した議論ではない。しかし、被虐待児は子どもの一部であり、子ども一般を対象とした議論は被虐待児にかんする議論の基底になるため、本節でとりあげることとする。

さて、子どもの「参加」をめぐる論点は大きく二つに集約される。一つめは、子どもは「参加」する主体なのか保護される客体なのかという論点であり、もう一つは、子どもの福祉の保障は、子どもの権利に基づくのか大人の義務に基づくのかという論点である。順に、議論の内容を分析する。

3-1　被虐待児は「参加」する主体なのか保護される客体なのか

はじめに、被虐待児は「参加」する主体なのか保護される客体なのか、との論点にかんする議論を検討する。

3-1-1　児福法一九九七年改正

児福法の一九九七年改正は、児童権利条約（以下、権利条約）批准後初めての大改正ということもあり、福祉の保障の根拠を子どもの権利に基づかせるべく、児福法の理念の転換を求める動きが活発であった。これを主張する者の一人、清水澄子（社会党・当時）は以下のように質疑をおこなった（〔　〕内引用者加筆。以下同）。

清水澄子（社会党）：〔児福法が制定された〕今日、やはり子供の権利条約を批准したように、社会的にも、また国際的にも子供そのものを権利行使の主体として位置づけるという、こういう時代を今迎えているときにこの児童福祉法の改正が何らその目的や理念の中に一言もそういう表現を入れなかったこと、もちろん子供に最善の利益をという言葉はあるんですけれども、そういう言葉を使うのであれば、むしろこの理念の第一条にやはりきちんと子供は心身ともに生まれ育つ権利を有するとか、子供そのものが権利主体であるという考え方、またはすべて子供はひとしく生活を保障され、愛護される権利を有するというふうに書いていくべきではないかと思うわけです。（中略）私はこれをもっと本格的に、子供の人権を中心にしたようなそういう法改正に続けていくべきだと思うわけですけれども、大臣、その点についてどのような御見解をお持ちでしょうか。

横田吉男（厚生省児童家庭局長）：児童の権利条約との関係でございますが、現行の児童福祉法におきまして、その理念として、先生お話しになりましたように、心身ともに児童は健やかに育成されるべきこと、児童は生活を保障され、愛護されるべきことというように規定されているわけでございまして、平成六年に権利条約が批准される際、政府部内でも議論いたしまして、そのときに同条約の趣旨というものはこの理念の中に確保されているということで整理がされたわけであります。（第一四〇回国会参議院厚生委員会会議録第六号 1997）

清水は「〔児福法の〕理念の第一条にやはりきちんと子供は心身ともに生まれ育つ権利を有するとか、子供そのものが権利主体であるという考え方、またはすべて子供はひとしく生活を保障され、愛護される権利を有するというふうに書いていくべきではないかと思うわけです」と述べている。清水があげた権利は、「生まれ育つ権利」、「ひとしく生活を保障され、愛護される権利」であり、全て保護を受ける権利に該当する。

一方、当時の厚生省児童家庭局長（以下、児家局長）横田吉男は、「心身ともに児童は健やかに育成されるべきこと、児童は生活を保障され、愛護されるべきことというように規定されている」児福法の理念をもって、「同〔権利〕条約の趣旨というものはこの理念の中に確保されている」と回答している。つまり、権利条約には保護の権利のほか「参加」権（当時は意見表明権[5]）も規定されていたが、本条約の趣旨として、子どもが保護を受ける側面のみを取り出したということである。

なお、清水と同様に子どもの権利について質疑をおこなった議員は他にもいたが、「参加」権を主張したのは、民主党（当時）の竹村泰子ただ一人であった。以上から、一九九七年改正時においては、子どもは保護される客体として位置づけられていたといえる[6]。

3-1-2　虐防法一九九九年青少年特

青少年特は一九九九年三月九日に衆議院に設置され、同年七月二一日の児童虐待にかんする専門家の意見聴取を境に、虐防法制定に向けて動き出すことになる（石田 2005: 34）。被虐待児の「参加」については、石井郁子（共産党・当時）が参考人として出席していた上出弘之子どもの虐待防止センター理事長（当時）に向けて、以下のように質問した。

石井郁子（共産党）：施設に入る子供の側の問題として、実はこれは余り語られていないのですけれども、子供の声として、こういう施設には行きたくなかったとか、こっちの方に行きたいとかというのがやはり私はあると思うのですよ。ぜひ子供の、やはり施設を選ぶ権利といいますか、あるいは親から離されることについて子供がどう思うかも含めまして、子供の意見というのを、子供の申し立て権というふうにまで言ってもいいかもしれませんけれども、そういうこともそろそろ考えていかなくちゃいけないのじゃないか。（後略）

上出弘之（子どもの虐待防止センター理事長）：（前略）私がまだ現職でおりましたころから、実はそのことは大変気になっておりまして、子供自身が施設を選ぶことができるようにしなければいかぬだろう。ややもいたしますと、むしろ子供を施設に入れること自体を親が求めてきて、そして、子供の意見を無視して一時保護をするなり、あるいは施設入所をさせるなりということをやってきたという経緯がございます。これは間違いだろうと思うのですね。特に、子どもの権利条約みたいなものが出まして、意思表明権といいましょうか、意思を尊重しなければならないということで、少なくとも子供自身が意思を持てる年齢、あるいは発達段階にある場合には、十分にその子供の意思を聞いた上で、そして施設へ入所する、あるいはどこへ入所するということも選択する権利を尊重していかなければいけないだろう。

ただし、虐待のことになりますと、これは子供自身の意思を尊重するといいましょうか、子供自身が、虐待されている親に対して意外と親をかばったりするのが現実でございます。ですから、子供の意思だけでは決められない場合もある。これはやはり客観的な判断が必要になってまいりますし、子供と十分に話し合った上で、子供が納得をした上で、一時保護もし、あるいは施設入所も図るということが必要だろう。その後の施設の選択は、私はおっしゃるとおりだろうというふうに思っております。（第一四六回国会衆議院青少年に関する特別委員会会議録第二号 1999）

石井が、施設措置に際して子どもの意見表明権の確保も考える必要があるのではないか、と質問したのに対し、上出参考人は、自身もこの点が「大変気になっていた」と回答している。「ただし、虐待のことにな」ると、被虐待児が「意外と親をかばったりする」ため、「客観的な判断が必要にな」るという。以上の上出の発言においては、被虐待児の保護を受ける客体としての位置づけが優先されていることがわかる。

ただし、上出は「子供と十分に話し合った上で、子供が納得をした上で、一時保護もし、あるいは施設入所も図るということが必要だろう」とも言い添えており、また、「その後の施設の選択」においては、と限定はつけたが、被虐待児の意見の尊重も重視している。このことから、上出は「参加」する主体としての被虐待児も否定していないことがわかる。

このやりとりはここで終了しており、虐防法において被虐待児の「参加」はそれ以上議論に上ることはなかった。そして、成立した虐防法に被虐待児の「参加」は規定されなかった。つまり、石井と上出が取り上げた被虐待児の「参加」する主体としての位置づけは捨象され、保護を受ける客体としての位置づけのみが採用されたのである。

3-1-3　児福法二〇一六年改正

児福法の二〇一六年改正では、児福法制定以降初めて理念規定が改正され、大転換と称された。具体的には、「権利」の語が第一条に、そして子どもの意見の尊重が第二条に初めて明記された。当該条文は以下のとおりである。

第一条　全て児童は、児童の権利に関する条約の精神にのつとり、適切に養育されること、その生活を保障されること、愛され、保護されること、その心身の健やかな成長及び発達並びにその自立が図られることその他の福祉を等しく保障される権利を有する。

第二条　全て国民は、児童が良好な環境において生まれ、かつ、社会のあらゆる分野において、児童の年齢及び発達の程度に応じて、その意見が尊重され、その最善の利益が優先して考慮され、心身ともに健やかに育成されるよう努めなければならない。

国会審議において第一条と第二条にかんする議論はなされていない。しかしながら、相模原市男子中学生自殺事件を受けて、子どもの意見の聴取にかんする質疑はなされた。都道府県児童福祉審議会で聴取された子どもの意見の取り扱いについて、民進党（当時）の重徳和彦が「児童福祉審議会で意見を聞いて、［その聴取された子どもの意見は］一体どのように扱われるんでしょうか」と質疑し、塩崎恭久厚生労働大臣（自民党・当時）が以下の回答をおこなった。

塩崎恭久（厚生労働大臣）：これは、相模原の事件で、今、相模原が検証を行っておりますけれども、子供本人の思いをしっかりと受けとめることができなかったということが一つ、一時保護などで子供の安全確保を第一とした対応が実行できなかった、こういう問題があったのではないかと思っております。

こうした事態を繰り返さないようにするために、今回の改正案では、まず、子供の権利を法律上明確に位置づけて、子供の意見が尊重されて、最善の利益が優先されて考慮されるということを明確化しました。

また、子供の安全確保を最優先とした対応を行うために、まず、改正案では、子供の安全確保、心身等の状況把握といった一時保護の目的の明確化をするとともに、児童相談所における専門職の配置、さらには、児童福祉司の研修受講の義務づけでキャパシティービルディングをするということを盛り込み、それとあわせて、一時保護を行うべき具体的なケースや考え方を明確化して通知や研修等によって徹底するということで、迅速かつ確実に一時保護などの措置がなされるように取り組まなければならないと考えております。

今の児童福祉審議会でありますけれども、都道府県の審議会は、例えば、一時保護の延長などについて審議をするなどして、子供自身の権利を擁護していくために、子供や家庭の意見を聞く、つまり、子供本人からも意見を聞くということなどの手続を今回の改正案で新たに設けることにしておりまして、あわせて、子供や関係機関から、行政、つまり児童相談所などの処分等について児童福祉審議会が直接苦情を受け付けるということなども検討してい

きたいと思っております。（第一九〇回国会衆議院厚生労働委員会会議録第一八号 2016）

まず、塩崎は冒頭で相模原の事件に触れ、その文脈で発言を続けている。したがって、ここでの「子供」は「被虐待児」を指すものとよめる。

次に、塩崎は、相模原市中学生男子自殺事件のような事態を繰り返さないよう、「まず、子供の権利を法律上明確に位置づけて、子供の意見が尊重されて、最善の利益が優先されて考慮されるということを明確化」したと発言している。ここに挙げられた、子ども（被虐待児）の権利を法律上に位置づけること、子ども（同）の意見が尊重されること、最善の利益が優先されて考慮されること、の三つは児福法の第一条と第二条の内容を指す。ここで条文に立ち戻ると、権利の位置づけは第一条、意見の尊重と最善の利益は第二条にあり、第一条に規定された権利に意見表明権は含まれておらず、第二条は「全て国民は（中略）努める」とされていることから、子どもの意見の尊重は全国民の努力義務としての規定である。しかし、塩崎の当該発言だけをみれば、「法律上明確に位置づけ」られた「子供の権利」のなかに、「子供の意見が尊重され」ることや「最善の利益が優先されて考慮される」ことも含まれているようにもとれる。では、国の代表として、塩崎は被虐待児の声が聞かれることをどのように位置づけているのか。

児童福祉審議会による被虐待児の意見の聴取は、「子供自身の権利を擁護していくために、子供や家庭の意見を聞く」としている。ここで、塩崎の発言の冒頭に、被虐待児の意見を児童相談所（支援者）が取り上げなかったことから本児の命が失われた相模原の事件があったことを踏まえるなら、この被虐待児の意見の聴取は、保護を受ける権利の侵害のリスクを回避する目的でおこなうものと理解されているとよめる。このようなリスク回避を目的とする被虐待児の意見の聴取は、「意見を表明する機会の保障」という表層は同じでも、「参加」権の保障とは異なる。なぜなら、この意見表明は、被虐待児自身が主体的に自らの人生に関与するという積極的な機会の保障とは異なり、支援者が被虐待児の保護を適切におこなうための判断材料としての位置づけであるからだ。このような意見表明権の構成から、被虐待児は保護される客体とみなされていることがわかる。そして、この点にかんする疑義は出されなかった。

3-1-4　被虐待児は「参加」する主体なのか保護される客体なのか

「参加」――ここでは意見表明のみが取り上げられているが――について議論がおこなわれた児福法の一九九七年改正時と二〇一六年改正時、および虐防法に関連する一九九九年青少年特ではいずれも、子ども・被虐待児は保護される客体としてみなされていた。二〇一六年改正では、「参加」の一要素である意見の尊重が法の条文としても明記されたが、意見表明の機会は適切な保護をおこなうための判断材料として構成されている。以上から、法律には、被虐待児を保護的対象とみる思想が強く残されているといえる。

被虐待児を保護される客体として構成する背景には、当該法の制定にかかわる者が、審議の際に自らを「子どもを守る（保護する）べき存在としての大人」として位置づけていることがあると考えられる。これは特に、二〇一六年改正時の塩崎の「子供の安全確保を最優先とした対応を行う」との発言に明確に示されている。立法関係者が、この自らの立ち位置である「子どもを守るべき存在としての大人」を強く意識することで、被虐待児は保護されるべき存在として位置づけられ、「参加」する主体としての側面は後景に退くことになる。

なお、ここで問題にしているのは、実際に被虐待児が保護を必要とする存在であるか否かではない。法の制定にかかわる者たちの、自らと被虐待児に与える意味である。実際に被虐待児の声を聞けば、保護も「参加」も必要としていることは第7章でみたとおりである。しかし、法の制定に関係する者が自らを「子どもを守るべき存在としての大人」と意味づけて、被虐待児をどのように守るのかという点に議論を焦点化することで、被虐待児は保護される客体としてのみ描かれることになる。これが、「参加」が議論の俎上に乗ったときでさえ、一貫して被虐待児が保護される客体としてみなされ、それに疑義がほとんど呈されなかった事実を説明する。

3-2　子どもの福祉の保障は子どもの権利に基づくのか大人の義務に基づくのか

次に、子どもの福祉の保障は、子どもの権利に基づくのか大人の義務に基づくのか、との論点にかんする議論を検討する。なお、虐防法においては、「参加」の文脈においてこれに該当する議論がみられなかったことから、本項では扱わない。

3-2-1　児福法一九九七年改正

先ほど引用した清水澄子（社会党・当時）と横田吉男（児家局長・当時）の質疑応答を再度振り返ってみる。

清水は、児福法の理念規定である第一条に「子供そのものが権利主体であるという考え方」を明記するよう求め、児福法を「もっと本格的に、子供の人権を中心にしたようなそういう法改正に続けていくべきだと思う」と主張している。

これに対し、横田は、「同条約の趣旨というものはこの理念の中に確保されている」と回答している。この「（権利条約の）趣旨は」との回答から、議論の論点を、子どもを権利主体と法に明記するか否かからずらしていることがわかる。そして、権利条約の趣旨へと論点をずらすことで、子どもを権利主体と認めるか否かにかんする直接的な議論を回避し、かつ福祉の保障については子どもの持つ権利を根拠としない国の立場を示している。

それでは、国は子どもの福祉保障の根拠を何に求めていたのか。清水と同様に、権利に基づく改正を主張した竹村泰子（民主党・当時）に対し、小泉純一郎厚生大臣（自民党・当時）は以下のように回答している。

小泉純一郎（厚生大臣）：児童の権利条約等を踏まえるということ、これも大事でありますが、子供を幸せにするという観点、これは条約とか法律では一概に言えない面も多々あると思います。（中略）ある方が、保育なり教育なりの一番大事なことは、三歳までの間に子供をしっかり抱いて、そっとおろして歩かせる、これに尽きるんだと言っています。（中略）まず生まれてから、自分は身近な人に愛されているんだという情緒的な安定を持つこと、そこに初めて自立心が芽生えるんだということを考えますと、どんなに法律が整備されても、まず身近な親、家族が言葉でなくて体全体でお子さんに愛情を持って接すると、そのお子さんは自分は周りから愛されているんだなという感覚を持っていろいろな教育なりを受けて成長していく。私は、そういうことを考えまして、どんなに法律が整備されようとも、一義的には親がそういう気持ちを、また身近な者がお子さんにそういう愛情を持って接する、その中に健全に健やかに強く優しく自立するお子さんの成長が期待されるのではないかと。（中略）今回、児童の権利条約の趣旨、その点を考えるのも当然大事であります。また、児童の最善の利益が確保されるよう制度をいろいろ充実させていくことも大事でありますけれども、基本的にまず子供の環境を整えるために大人がもっとしっかりと責任を持つ、そして大人全体が子の健全な育成にどういう施策が必要かということを考えていくべきではないか。（第一四〇回国会参議院厚生委員会会議録第六号 1997）

質問者の竹村は子どもの権利を基本とした法律の設計を求めていた。これに対し小泉は、「権利条約等を踏まえるということ、これも大事でありますが、子供を幸せにするという観点、これは条約とか法律では一概に言えない面も多々あ」り、子どもの身近にいる家族らが愛情を持って子どもに接する中にその観点は体現されると回答している。そして、「大人全体が子の健全な育成にどういう施策が必要かということを考えていくべき」と締め括る。つまり、子どもの権利主体化を求める問いに対し、大人がどう子どもを育むかという内容で回答しているのである。ここから、国の立場としては、子どもの権利ではなく、大人の義務に基づく福祉の保障を主張していることがわかる。

なお、一九九七年改正時の国会審議において、児福法に子どもを権利主体と明記せよとの質疑は計一一回おこなわれたが、回答はいずれも条約の趣旨は既に規定されているというものであり、直接の回答が避けられている。そして、大人の義務に基づく福祉保障との国の立場は、採決まで貫徹された。

3-2-2 児福法二〇一六年改正

さて、二〇一六年の改正は児童虐待対応が念頭に置かれ、第一条に「権利」が明記された。この趣旨について、塩崎厚生労働大臣（自民党・当時）は国会で以下のように述べた。

> 塩崎恭久（厚生労働大臣）：改正案では、子供は、児童の権利に関する条約の精神にのっとり、適切な養育を受け、健やかな成長、発達や自立等を保障される権利を有することを、まず総則の冒頭、第一条に位置づけをいたしました。実は、これまで日本の法律には、民法において、親権、つまり親の権利というのは明確に民法の第八百十八条というところに、「成年に

達しない子は、父母の親権に服する。」という形になっておりまして、しかし、その親権を持つ親に虐待を受けるわけでありますから、これに服されたままであったらば救われない、こういうことであります。

そういうことで、今回、権利という言葉を、日本の法律の中に今までなかった子供の権利を初めて書き込んだということでございまして、その上で、国民、保護者、国、地方公共団体、それぞれがこれを支えるという形でその福祉が保障される旨を明確化したところでございます。

また、社会のあらゆる分野において子供の最善の利益が優先して考慮されることも明確にもしているわけでありまして、こうした理念のもとで、社会全体で、全ての子供の命と権利、そしてその未来を守って、健全な育成を図っていかなければならないと考えております。（第一九〇回国会衆議院厚生労働委員会会議録第一八号 2016）

塩崎は、はじめに、児福法第一条に規定された権利のうち、「適切な養育を受け、健やかな成長、発達や自立等を保障される権利」の三つをあげる。この三つはいずれも保護を受ける権利である。その後、「親権を持つ親に虐待を受けるわけでありますから、〔被虐待児は〕これに服されたままであったらば救われない」と続け、「そういうことで、今回（中略）子供の権利を初めて書き込」み、国などが「それぞれがこれを支えるという形でその福祉が保障される旨を明確化した」と結ぶ。初めにあげられた権利が全て保護を受ける権利であることから、同じ文脈で続く被虐待児の「救われない」状態も、国などが支える「これ」も、保護を受ける権利について発言しているといえる。

では、この保護を受ける権利はどのように構成されているのか。まず、「親権、つまり親の権利というのは明確に民法の第八百十八条というところに、『成年に達しない子は、父母の親権に服する。』という形になっておりまして（中略）〔しかし、被虐待児は〕これに服されたままであったらば救われない」との前置きから、親権は子に対する親の権利であると解釈されていることがわかる[7]。そのうえで、「その親権を持つ親に虐待を受けるわけでありますから、これに服されたままであったらば救われない（中略）。そういうことで、今回、権利という言葉を、日本の法律の中に今までなかった子供の権利を初めて書き込んだということ」と発言している。この接続から、児福法に規定された子どもの権利は、憲法や権利条約に規定された人権としてではなく、被虐待児が有する、親権に抗するものとして構成されていることがわかる。

子どもの保護を受ける権利を、親権に抗するものとして構成するとはどういうことか。ここでの親権という語が虐待の文脈で使われていることから、子どもの保護を受ける権利をこれに対置すれば、虐待からの救出の必要性が意識されることにより、保護の色は強調される。そして、塩崎は、そのような「子供の権利を初めて〔法に〕書き込んだ」とし、「その上で、国民、保護者、国、地方公共団体、それぞれがこれを支えるという形でその福祉が保障される旨を明確化した」と続ける。さらに、子どもの最善の利益を法に盛り込んだことに触れ、「社会全体で、全ての子供の命と権利、そしてその未来を守って、健全な育成を図っていかなければならないと考えております」と結ぶ。この一連の発言は、まず明記された権利が保護を受ける権利であると述べ、そして親権の乱用（保護者の虐待）によって侵害されている子どもの保護を受ける権利を国や社会全体が守り、乱用される親権に抗する、との内容で完結している。つまり、子どもの保護を受ける権利を親権に抗するものとして構成することにより、国や社会が子どもを保護することの義務が強調されているのである。このため、権利明記の趣旨は、被虐待児の保護に対する国や社会の義務の「明確化」にあるようにみえる。したがって、子どもの福祉の保障は、条文への「権利」という語の明記によって確かに権利に基づくものへと転換されたが、その内実は子どもを保護する大人の義務を基底としていると考えられる。

3-2-3　権利基底と義務基底

子どもの福祉の保障を考える際に、権利を基底とすることと義務を基底とすることでは何が違うのか。権利基底的に論じるとき、その議論の中心は、子どもの福祉が達成されるために子どもの権利として子どもに満たされるべきものとは何か、ということになる。一方、義務基底的に論じられる場合には、その議論の中心は、子どもの福祉が達成されるために大人のなすべきものとは何か、ということになる。

子どもの福祉は大人の義務によって保障されるべきとの考えは、パターナリズムに親和的である。なぜなら、被介入者の利益のために介入者のなすべきことを、被介入者の意思に先んじて介入者自身が考え、実行しようとするものであるからだ。また、これが特に子どもの要保護性と強く結びついたとき、その考えを支えるのは、「子どもを守るべき存在としての大人」という大人側のアイデンティティだと考えられる。この「子どもを守る大人アイデンティティ」は、ディープ・パターナリズムに基づく正義の意識に共通する。ディープ・パターナリズムとは、D. Richardsがプラトンの慈悲深い内科医の例えをひいて提唱したパターナリズムの類型である（Richards 1980: 12-4）。慈悲深い内科医の例えとは、健康になるための方法をただ一人熟知している内科医は、それを知らない多くの人々に対して、望ましい健康を実現するためのあらゆることをおこなってよい、というものである。ここから、Richardsはディープ・パターナリズムを「合理的に自己を統治できる者が、自己を合理的に統治することができない人々を総合的に統治する権限を持つ、との考えに基づくパターナリズム」と定義した。この定義にあるように、ディープ・パターナリズムの主眼は、自己を統治する能力のある（とされる）者の権限にあり、この点が、被介入者の要保護性と強く結びついた介入者の義務の土台を作っている。そしてまた、ディープ・パターナリズムでは被介入者の主体性は否定される。したがって、大人の義務基底的に、被虐待児の要保護性に焦点化して子どもの福祉を論じる場合、子どもの主体性は議論の俎上に乗りにくくなる。無論、介入者の義務を基底とする法律の構成が全て否定されるべきと主張しているのではないし、法とは「『公的』行動を規制するもの」（Fineman =2003: 31）であるから、義務基底は当然のことでもある。ただ、被虐待児の要保護性を強調する義務基底的な議論の帰結として、子どもの「『参加』する権利」は法から排除されやすくなると考えられるのである。

4 「大人の義務」思想と「子どもの権利は保護を受ける権利」思想の頑健さ

子どもの権利を「保護を受ける権利」と暗黙のうちに前提することや、子どもの福祉の保障を大人の義務を基底として考えることは、専門委員会の委員にも共有されている。

二〇一五年に開かれた厚生労働省社会保障審議会新たな子ども家庭福祉のあり方に関する専門委員会（以下、専門委員会）では、児童虐待対応を念頭においた法改正が意識された上で、児福法の理念にかんする議論がおこなわれた。この議論において、権利を基底とすることを求める意見そのものが多くないなか、大学教員の松原康雄は以下のように発言した。

松原康雄：理念のところで言いますと、児童福祉法というのは成立時の時代的な制約があったと思いますので、「される」とか基本的に受け身の言葉が使われています。子どもが主体的にするという形で能動態にはなっていないのです。ですからもしそこまで議論が及んでいけば、そういう表現だけではなくて、実際に子どもが権利主体として我々が一緒にやっていくという理念で、あるいはもちろん代弁することも必要でしょうけれども、そういうことが考えられればいいかなと思っております。ただ、大きな議論になりますので、まずは子どもの成長、発達を守るという議論も必要かなと思います。（専門委員会会議録第一回二〇一五年九月七日）

松原は「実際に子どもが権利主体として我々が一緒にやっていくという理念で〔中略〕考えられればよいかなと思っております」と述べる。一方で、「もしそこ〔子どもを能動的に捉えるところ〕まで議論が及んでいけば」や、「ただ、大きな議論になりますので」との消極的な発言も同時に含ませ、「まずは子どもの成長、発達を守るという議論も必要かなと思います」と締め括っている。つまり、子どもの権利主体性や「参加」の議論を遠慮し、保護の議論を優先している。

また、被虐待児の「参加」について、専門委員会では、権利擁護機関の創設をめぐる議論で被虐待児の意見が聞かれる必要性には言及されたものの、「参加」権の一般的な保障および意見表明以外の側面についての議論はなされなかった。実は、専門委員会およびその下部のワーキンググループで、国立成育医療研究センターの奥山眞紀子は折に触れて被虐待児の「参加」権の保障を提案していた。しかし、いずれも他の委員からの反応はみられず、議論はおこらなかった。このような被虐待児の「参加」をめぐる議論に乗らないことによっても、その場での「大人の義務」および被虐待児の「保護を受ける」側面の議論をおこなう望ましさはさらに強化されるだろう。

一方、専門委員会の報告書をまとめる際には、議論が不十分な点として、当事者参加[8]が指摘された。

松本伊智朗：触れられていないとか、そもそも議論に乗っていないことが幾つかあって、それも私は具体的な法改正もあるのでそれを乗せるべきかどうかというのは躊躇して控えたということもありますけれども、（中略）子どもなり親も含めた当事者の参加の観点はあまり議論されていないのです。それはまだ具体的な法改正というところに、あるいは法制度にどう乗せるかということはまだここで議論できるような、熟しているのかどうかという判断もあってあえて提案しなかったのですけれども、今後そのような観点も含めて議論すること、あるいは制度を作っていくことが必要だということは、どこかで「おわりに」でも「はじめに」でも触れていただけるとありがたいなと思っています。

（中略）

奥山眞紀子：（前略）参加の問題ですけれども、これはまず最初の理念のところに参加の権利、つまり意見表明権とか参加権というものを明確に書き込むことは、第一に必要ではないかと思っています。

松本伊智朗：参加というのは親も含めてです。（専門委員会会議録第二〇一五年一二月一〇日）

大学教員の松本伊智朗にとって、被虐待児やその親の参加というトピックは「法制度にどう乗せるかということはまだここで議論できるような、熟しているのかどうか」判断に迷うものである。「まだここで議論できるような、熟しているのかどうか」との発言から、参加権にかんする議論は「ここ」以前に、「ここ」ではない場所で熟される必要があるということになる。つまり、「ここ」である「専門委員会」ではない場所、それは支援の場であるのか、あるいは「一般」の場であるのか定かではないが、そこで被虐待児を参加する主体として捉えることが、まだ前提になっていないという認識がある。

さて、ここで奥山が参加権を報告書に書き込む必要性に同調する。これに対し松本は「参加というのは親も含めてです」と応答する。これまでの審議で奥山が被虐待児の参加を主張してきたことを考慮すれば、松本がもう一方の当事者である親の参加権も忘れてはならないと注意を促すことは理解できる。しかし、もし松本にそのような意図があったとしても、子どもの参加権にかんする議論がなされる前に親の権利が指摘されたことで、子どもの参加権の議論はこのとき既に打ち切られてしまっている。このような論点の移行は権利擁護機関にかんする議論にもみられる。どのような仕組みにすれば子どもが意見を訴えやすくなるか、という方向で議論が深まるのではなく、児童相談所と意見が対立した保護者の訴えも受け付ける必要があることや、行政機関の間で独立性をどのように担保するかなど、重要ではあるが、議論は大人をめぐる論点に移行しがちなのである[9]。このように大人のなすべきことが中心になる議論は、義務基底的な議論であり、委員もまた「子どもを守る大人」としての自らの位置づけを強く意識していることを示している。

「子どもを守る大人としてのアイデンティティ」が導く大人の義務や保護の強調は、松原らの発言にみるように、被虐待児の「参加」にかんする議論そのものを躊躇させている。そして、この立法に携わる者の躊躇の積み重ねが、被虐待児の「参加」にかんする議論の成熟を遠ざけている。

5　なぜ日本の被虐待児の「参加」権は法から排除されるのか

議事録の分析から、児童虐待関連法においては、被虐待児は「参加」する主体よりも保護をうける客体として位置づけられていること、また、同法は子どもの権利を基底とするより大人の義務を基底とする傾向の強いことが指摘された。そして、これらの背景には、立法府やその関係者が自らを「子どもを守るべき存在としての大人」として位置づけていることがあると考えられる。では、なぜ「子どもを守る大人アイデンティティ」は、被虐待児を「参加」権から遠ざけるのか。

当事者を議論に直接参加させずに、支援者側として当事者のニードや支援のあり方を議論することは、プラトンの慈悲深い内科医の例えと同じである。ここにはたらくディープ・パターナリズムは、「合理的に自己を統治できる者」である自分と、「合理的に自己を統治できない者」である他者とを区別する。つまり、「子どもを守る大人アイデンティティ」を持つ者にとって、守られる側である被虐待児は、己とは区別された「他者」なのである。ここでの「他者」とは、「周辺化された者」という意味での「他者」である[10]。だから、立法に携わる人間が、ディープ・パターナリズムの正義に自らのアイデンティティを見出す限り、被虐待児は法律において「他者」以外の存在にはなりえない。そして、被虐待児は、周辺化された「他者」であるから、立法府の「われわれ」と同じ「参加」権を持つ主体とはみなされないのである。

以上の考察から、望ましいとされる被虐待児の「参加」が保障された制度の実現は、制度の根本の再考まで含めるならば、ハードルは決して低くはない。では、実現に近づくにはどうすればよいか。一つの提案は、被虐待児に対する「他者」性そのものを再考することである。すなわち、社会的包摂や多様性の尊重を一つの価値とする社会福祉において、法制度として、被虐待児に「参加」を十分保障しようとしないことの意味、そして被虐待児に「参加」を保障することの意味の再考である。

被虐待児が立法関係者、ひいてはわれわれ大人にとって、異なる地位にあるという意味において他者であることには違いない。ただし、異なる地位にあるということと周辺化されるか否かは別問題である。なぜわれわれ非当事者は、法制度上被虐待児の「参加」を十分保障しようとは思わないのか、被虐待児が時に危険な判断をするからといった、その根拠を被虐待児に求めるのではなく、われわれ自身のなかの保障しようとはしない思考を問う。同様に、なぜわれわれ非当事者は、法制度上被虐待児の「参加」を保障するべきと考えるのか、被虐待児に肯定的な影響があるからというところに根拠を求めず、われわれ自身の思考に対し自問する。こうした被虐待児に対する「他者」性の再考の作業が、われわれが潜在的に保持する被虐待児と自らとの間の線引きの基準を明らかにするだろう。そして、その明らかにされた線引きの基準・線引きしない基準が、社会的包摂や多様性の尊重に照らして正当であるといえるのか、その理由は何かを問う、ということである。ここで忘れてはならないことは、（異なる地位にあるという意味において）他者である被虐待児を、他者としてどのように包摂するか、という点である。

この提案が抽象的で理想的に過ぎることは指摘されるまでもない。しかし、社会に支配的な思想も一人ひとりの思想の集合であり、これが法を制約するのであれば、一人ひとりの再考が、支配的な思想を変化させ、法のあり方を変える可能性もある。法もまた、人が作るものである。

6 小括

本章では、日本の児童虐待関連法を制約する被虐待児の「参加」にかんする思想を検討し、第7章の結果の実現可能性について検討した。

議事録をみる限り、被虐待児は保護を受ける客体として語られることが多く、被虐待児の「参加」が議論されることはごく少なかった。この結果は先行研究の結果と一致する。また、子どもの権利は保護を受ける権利が想定され、「参加」権の一部である意見表明も、独立した子どもの権利としてではなく、支援者が虐待親から被虐待児を適切に保護するための一つの判断材料として位置づけられていることが確認できた。もう少し踏み込んで考察してみると、これらの被虐待児をめぐる認識は、立法関係者が持つ「子どもを守る大人」という自らの位置づけによるものと考えられる。立法府等でこのアイデンティティが強くはたらく限り、被虐待児は「他者」として位置づけられるため、立法をめぐる審議の段階で既に、被虐待児を「参加」する主体と位置づける発想そのものが阻害されると結論づけられる。

以上のような現状では、望ましいとされる被虐待児の「参加」が保障された制度は、根本的なところまで考えると、実現は難しいだろう。では、実現を目指すにはどうすればよいか。一つの提案は、被虐待児を「参加」から排除する意味、そして「参加」に包摂する意味を再考することである。法を制約する支配的な思想も、一人ひとりの思想の集合であることを考えれば、一人ひとりの視点の変化や再考が、支配的な思想を変化させ、法のあり方を変える可能性もある。これは、われわれが被虐待児に付与する「他者」性の再考でもあるのである。

■注

1 唱道連携モデルについては、Sabatier（1988; 2007; 2008; 2014）を参照のこと。

2 「参加」にかかわる点は、児福法第二六条二項に「当該児童及びその保護者の意向」が加えられた点である。

3 二〇一六年改正では、児福法制定以降初めて理念規定が改正され、ここに「参加」にかかわる点が加えられた。具体的には、児福法第二条一項が「国及び地方公共団体は、児童の保護者とともに、児童を心身ともに健やかに育成する責任を負う」から「全て国民は、児童が良好な環境において生まれ、かつ、社会のあらゆる分野において、児童の年齢及び発達の程度に応じて、その意見が尊重され、その最善の利益が優先して考慮され、心身ともに健やかに育成されるよう努めなければならない」に改正され、子どもの意見の尊重が初めて法律の条文に明記された。なお、改正前の第二条一項は、同条三項に規定されている。

4 なお、一九九六年には千葉恩寵園事件、二〇一六年には相模原男子中学生自殺事件がおきている。千葉恩寵園事件とは、千葉県にある児童養護施設「恩寵園」でおきた施設内虐待事件であり、相模原男子中学生自殺事件とは、被虐待児であった男子児童が児相に保護を訴えるも保護がなされず、自殺を図り二年後の二〇一六年二月に死亡した事件である。いずれも被虐待の子どもの訴えになかなか耳が傾けられなかった経緯がある。これらの事件が審議内容に影響を与えた可能性もあるだろう。特に二〇一六年改正については、事件に先行して二〇一四年から二〇一五年にかけて「児童虐待防止対策のあり方に関する専門委員会」が、二〇一五年には「新たな子ども家庭福祉のあり方に関する専門委員会」が開催されたが、ここでは参加権はほとんど扱われなかった。しかし、事件報道後の二〇一六年に提出された改正法には、第二条に意見の尊重の文言が明記され、国会でも多少の審議がなされた。

5　二〇〇九年発表の子どもの権利委員会の『一般的意見一二号』で、初めて「参加」の概念が報告された (Committee on the Rights of the Child 2009: para.3)。

6　なお、「参加」にかかわる児福法第二六条二項に加えられた「当該児童及び保護者の意向」にかんする質疑はみられなかった。

7　親権の解釈は、対子どもではなく、対国家の子どもを養育する権利との解釈もある。詳しくは横田（2010; 2011）を参照されたい。

8　以下に続く松本および奥山の発言にある「参加」の語は、子どもの権利委員会の定義に沿ったものではなく、一般的な意味で使われていると思われるため、「　」をつけないかたちで表記する。

9　例えば、厚生労働省新たな児童虐待防止システム構築検討ワーキンググループ会議録二〇一五年一〇月三〇日などを参照されたい。

10　「周辺化された者」としての「他者」とは、フェミニズムの始祖の一人であるボーヴォワールが提唱したものであるが、ミノウはこれを子どもにも援用して考察している（Minow 1990）。

終章

児童虐待対応法制度の「評価」と構想

1　本書の研究目的

本書の研究目的は、被虐待児の視点からみたときに〝望ましい〟と考えられる児童虐待対応法制度の構想を得ること、そしてそのために必要となる制度の評価をおこなうことであった。特に、評価方法にはいくつかの限界があり、児童虐待対応法制度の評価方法そのものを再構築していく必要があった。そこで、これらに答えるため、以下の三つの小課題を設定した。

(1)　各国の法制度全体の特徴を矛盾なく把握できる評価指標を構築し、これを用いて日本の法制度の特徴を明らかにすること。

（2）理論と経験的研究の側面から、望ましい法制度のあり方を構想すること。
（3）改正の可能性を考察すること。

本書のタイトルの「評価」に「 」を付けているのは、本書でこだわりたかった被虐待児（当事者）の視点からの評価があること、また評価に至るまでのプロセスに注目したい意図から、強調している。本章では、上記の課題に対しこれまでの各章で得られた結果を整理する。

2 評価指標を構築し日本の法制度の特徴を明らかにする

第一の小課題「矛盾なく把握できる評価指標を構築し日本の法制度の特徴を明らかにする」については、第3章で「『参加』の権利スケール」を構築した。本スケールは児童虐待対応の定義を骨格として、子どもの権利委員会の文書、各国の制度および先行研究から導出された評価項目から構成されている。被虐待児を虐待から保護することを目的とする法制度において、保護にかんする規定はおおよそどの国にも共通したものがみられるが、時に親権にも勝る強制力を持つこの行政権の強さは各国で異なり、この差異を決定しているのが当事者の主体化程度であった。そこで、「『参加』の権利スケール」は当事者の主体化程度を各制度間の差異を決定する指標とし、子どもの権利委員会の文書等から導かれた当事者の主体化にかんする三三項目について、各国の法律がどの程度満たしているのかを測るようデザインし

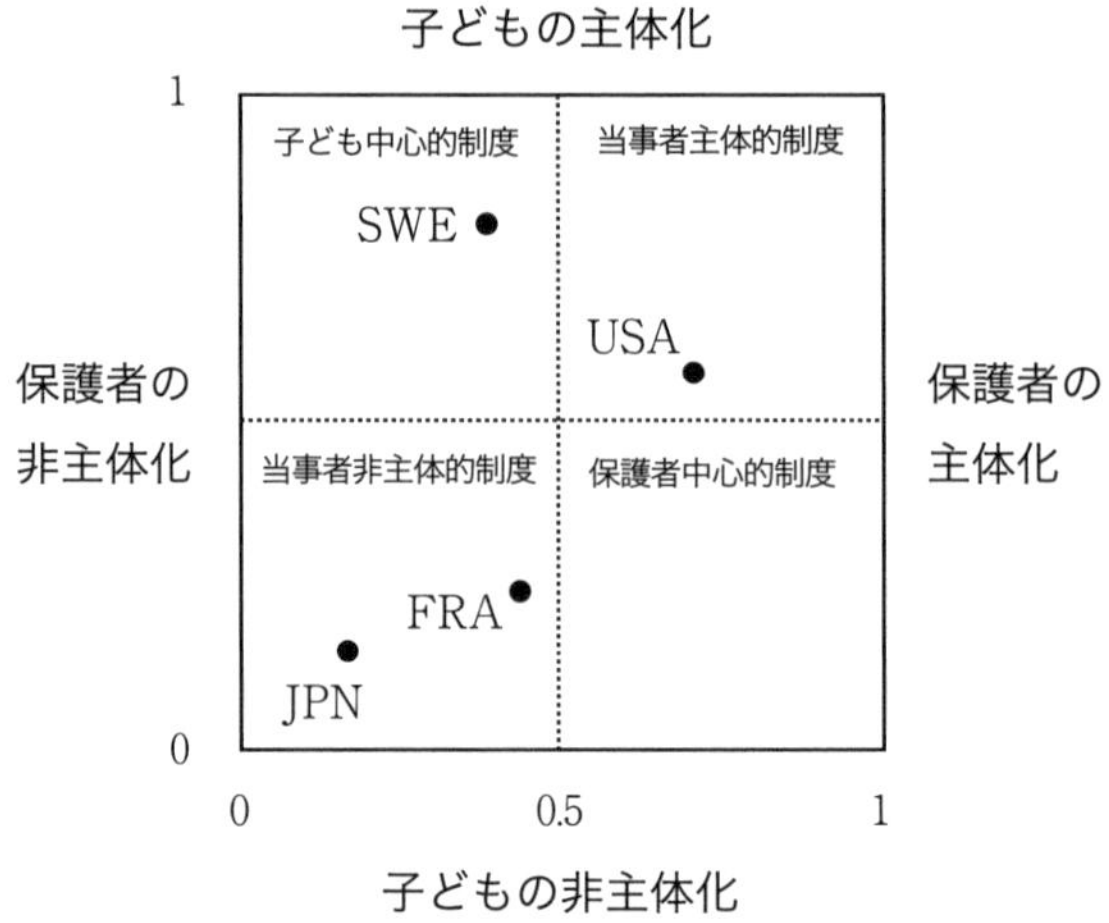

図表 9-1　日本と 3 つの比較国の児童虐待対応法制度の体系（図表 4-5 の再掲）

注：JPN は日本、USA はアメリカ、FRA はフランス、SWE はスウェーデンを指す。
出典：根岸（2018: 49）。

た。このように制度を数量化することで、本スケールは法改正にも矛盾なく耐えうる指標となっている。

さて、法制度の評価にあたっては、法制度の全体像を捕捉するため、児童虐待対応過程のフェーズ別に法規定の構成を測定した。第4章では一連の児童虐待対応を「緊急・強制一時保護」、「同意に基づく措置開始時」、「措置期間中」、「措置終了時」の四段階に分け、日本、アメリカ、フランス、スウェーデンの四ヶ国に対し、本スケールを適用した。その結果、日本の現行法制度の得点は他の三ヶ国よりも低く、当事者の主体化が低く抑えられた制度であることが明らかとなった（図表9－1）。また、日本一ヶ国内で検討すると、わずかではあるが子どもの「参加」得点は保護者のそれよりも低く、被虐待児の主体化はより低く抑えられていることがわかった。

3　理論と経験的研究の側面から望ましい法制度のあり方を構想する

では、望ましい制度とはいかなる制度であるのか。第二の小課題「理論と経験的研究の側面から望ましい法制度のあり方を構想する」については、理論的側面としてパターナリズム論から、経験的側面として被虐待児へのインタビュー調査から考察をおこなった。

3‐1　理論的側面からの検討

望ましい制度にかんする理論的側面からの検討は第5章でおこなった。第5章では、まず、大人と子どもの区分が明確に論証されていないことから、リベラリズムの前提に立つならば、子どもであることを理由に、パターナリズムが無制限に許容されることはないことを確認した。そして、いくつかあるパターナリズムの類型のうち、ディープ・パターナリズム[1]とハード・パターナリズム[2]は、この無制限の介入が許容されない原則に反することから、避けるべき類型であることを確認した。逆に、望ましいパターナリズムの類型には、リベラル・パターナリズム[3]と単数対象のソフト・パターナリズム[4]が挙げられた。これらの類型を第3章で構築した「児童虐待対応制度の構造分析モデル」に対応させたのが図表9‐2であり、以上の各パターナリズムに対する望ましさの観点をふまえれば、児童虐待対応法制度としては、「当事者主体的制度」と「子ども中心的制度」が望ましい制度であるこ

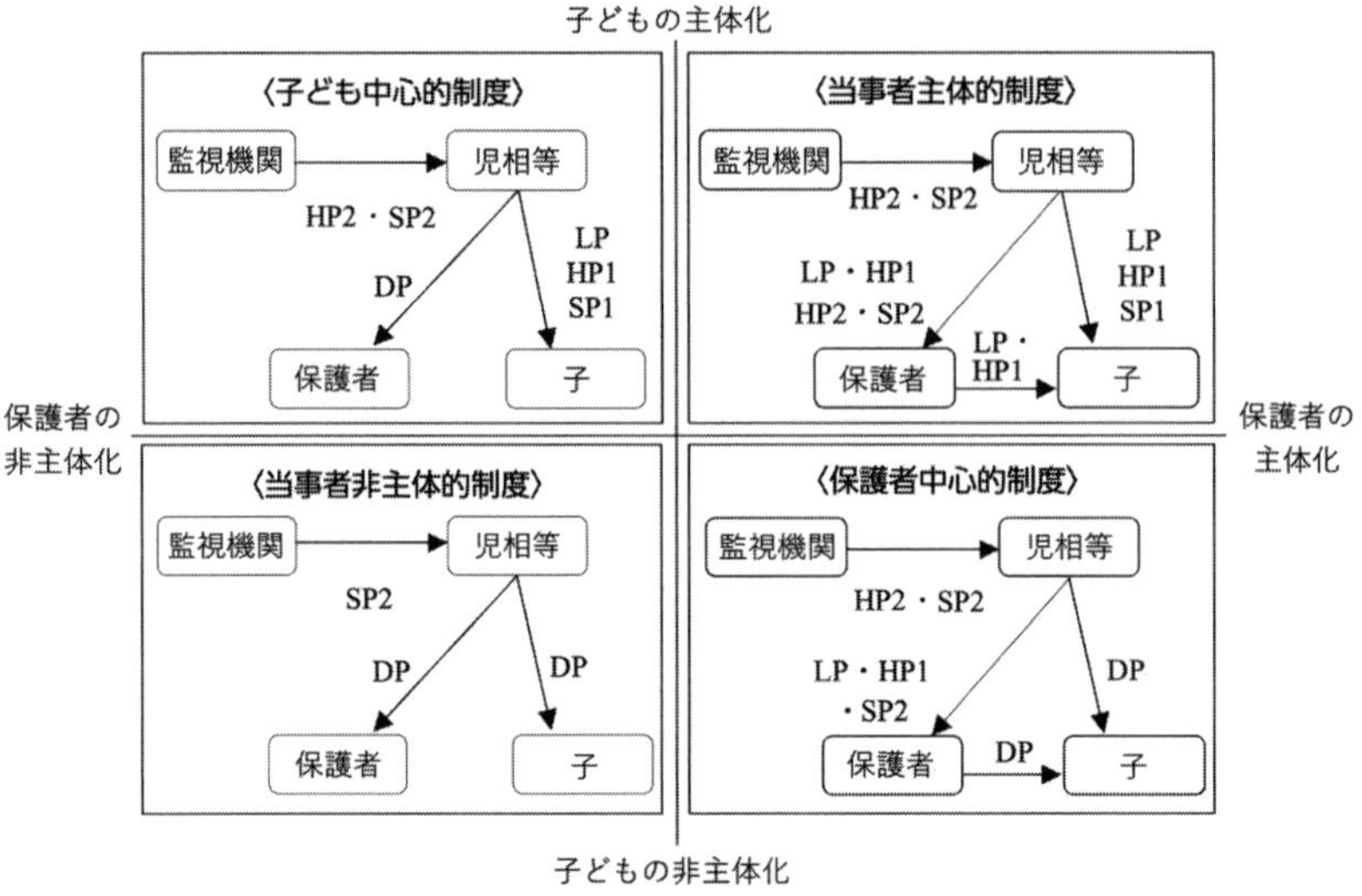

図表 9-2 「児童虐待対応制度の構造分析モデル」の 4 つの制度と被虐待児に対するパターナリズム概念の整理（図表 5-3 の再掲）

注：DP は「ディープ・パターナリズム」、HP1・HP2 は「単数／複数対象のハード・パターナリズム」、SP1・SP2 は「単数／複数対象のソフト・パターナリズム」、LP は「リベラル・パターナリズム」を指す。
出典：根岸（2018: 69）。

とが明らかとなった。

　では、「当事者主体的制度」と「子ども中心的制度」ではどちらがより望ましいのか。この点については、子どものためになされる保護者からの干渉が子どもの福祉に資するとの立場があり、これが児童虐待対応においても支持できることから、保護者からの干渉の余地を残す「当事者主体的制度」がより望ましいと結論づけられた。なお、保護者からの干渉が許容される理由は以下の三点である。第一に、児童虐待が広範なグレーゾーンを含み、直ちに親から子へのケアを絶つことは容易でないこと、第二に、ソーシャルワークにおいて、対応の難しい保護者も「子どものため」を共通目標にすれば協働できること、そして第三に、保護者の干渉が害になる場合には侵害原理やハード・パターナリズム等に基づき、これを阻止することが可能であることである。

以上より、理論的側面においては、「当事者主体的制度」が望ましい制度として導かれた。

3-2　経験的側面からの検討

望ましい制度にかんする経験的側面からの検討は、主に第7章でおこなった。被虐待児へのインタビュー調査から、被虐待児は、児相とかかわりを持つことになった／なっている間、自分の人生が被介入対象であることを認識しつつも、自らの人生として見通しを持っていた。そのために、主体性を認められず、「参加」から排除されれば否定的な経験となっていた。一方で、積極的な「参加」こそよいかといえば、被虐待児は児童福祉司をはじめとする支援者との間で、時に積極的な「参加」から退出できるような「参加」を求めていた。また、保護者の「参加」との関係においては、これを否定はしないものの、被虐待児の意思や感情がこれに優先されなければ肯定的な経験とはならないことが示された。

以上の被虐待児の声をパターナリズムの類型に対応させると、第5章では否定されなかった単数対象のソフト・パターナリズムは否定され、逆に、望ましくないとされたハード・パターナリズムによる介入は被虐待児から望まれていることがわかった。そして、これをパターナリズムの類型を対応させた「児童虐待対応制度の構造分析モデル」に照らすると、「当事者主体的制度」のなかでも、保護者より被虐待児の主体化が勝る領域が、被虐待児の望む児童虐待対応制度であることが明らかとなった。

3-3　望ましい制度のあり方

第5章の結論と第7章の結論を総合すると、望ましい児童虐待対応法制度とは、第7章で得られた結論の位置にある制度だといえる。日本の法制度は、小課題一の結論にあるとおり「当事者非主体的制度」に位置するため、特に被虐待児の「参加」を保障する方向で改正することが望ましいと結論づけられる。

では、具体的にどのような法制度を整備することで、「当事者主体的制度」に接近すればよいか。被虐待児の声をベースに考察するなら、その内容は、以下の七つの権利にかかわる参加の権利だと結論づけられる。すなわち、子どもの視点に立った分かりやすく十分な情報提供を受ける権利、参加する権利、参加を強制されない権利、年齢に関係なく意見を尊重される権利、特別な境遇にあることに配慮される権利、「参加」によって不利益を被らない権利、そして、信頼している者に代理を受ける権利の七つである。

4　改正の可能性を考察する

最後に、第8章で、第三の小課題である、小課題二で得られた望ましい制度の構想の実現可能性について検討した。

児童虐待対応で用いられる児福法と虐防法にかんする立法府と周辺の委員会における審議録を分析した結果、被虐待児は保護を受ける客体として語られることが多く、被虐待児の「参加」が議論されることはごく少なかった。また、子どもの福祉は、大人の義務によって保障されるものと語られることが多かった。こうした言説の背景には、立法関係者が持つ「子どもを守る大人」という自らの位置づけが影響していると考えられる。そして、このような言説は、介入行為の内容を、被介入者の意思に先んじて介入者自身が決定するということでもあるから、特にディープ・パターナリズムに親和的である。ディープ・パターナリズムは、介入者と被介入者とを区別するため、立法府等で立法関係者が自らを「子どもを守る大人」だと強く意識すればするほど、被虐待児は、立法関係者とは区別された「他者」として位置づけられることになる。そうして、これまでの法制定にかかわる審議では、被虐待児を「参加」する主体と位置づける発想そのものが阻害されてきたと考えられる。

以上の結果から、望ましいとされる被虐待児の「参加」が保障された制度は、根本的な部分を含めると、実現は困難であると結論づけられる。一つの提案は、われわれが被虐待児に付与している「他者」性の再考、すなわち、被虐待児を「参加」から排除する意味、そして「参加」に包摂する意味の再考があげられる。法を制約する支配的な思想も、一人ひとりの思想の集合であることを考えれば、一人ひとりの視点の変化や再考が、支配的な思想を変化させ、法のあり方を変える可能性もある。法もまた、人が作るものである。

5　被虐待児の視点からみる児童虐待対応法制度の構想

日本の児童虐待対応法制度は、どのような特徴があり、何が不足しているのか。本書の結果からいえるのは、被虐待児の「参加」をより保障した制度が求められているということだ。この結論は、理論的考察のみならず、被虐待児の主観的な被介入経験からも構成されている。そして、ここでいう「参加」は、従来注目されてきた意見表明のみを意味しない。「参加」とは、対話を基礎として、情報提供、出席、意見表明、意見表明を促進する環境、代理が含まれ、さらに、「参加しない」ことも含まれる。つまり、被虐待児の「参加」が保障された制度とは、被虐待児自身による意見表明だけを良きものとは捉えない制度である。

では、被虐待児の「参加」を法で保障する必要はあるのだろうか。法とは、普遍的に適用されることを意図された規則および規範の体系であり（Fineman =2003: 36）、文脈を許容しないものと定義される（Derrida =1986: 26）。このような、個人の差や文脈の差を考慮することができない法において、「参加」を一律に保障すれば、逆に子どもの福祉を損なうことになりはしないか。そうであるならば、必ずしも法で保障する必要はないのではないか。

「参加」は、対話や「しない権利」も含む概念である。このように「参加」を捉えるなら、拘束性の高い法律で「参加」を権利として保障すれば、法に従って運用される処遇の場面において、支援者の裁量で被虐待児が「参加」から排除されたり意見表明を強要されることを防ぐことができるだろう。また、個人の文脈を取り込むことが一律に保障されることになり、個別性の高い介入／支援が求められることによって、より多くの被虐待児の福祉を向上させる可能性もある。被虐待児の「参加」権を法に規定する意味は、ここにある。

6 本研究の意義と今後の課題

最後に、本研究の意義と今後の課題について整理し、本書を閉じる。

本研究は、経験的な妥当性と理論的な整合性の両側面から、被虐待児にとって望ましい法制度を検討したものである。

はじめに、本研究では「『参加』の権利スケール」を構築した。これにより、第一に、先行研究にみられた各国の制度に対する評価の矛盾や限界が克服でき、第二に、法制度の数量化によって、自国の位置づけと他国との距離を示せたことは、児童虐待対応の制度研究に貢献できるだろう。また、「『参加』の権利リスト」の作成により、これまで不明瞭であった子どもの「参加」の構成要素を明らかにしたことも、今後の児童福祉学、子ども学に貢献すると考える。

「『参加』の権利スケール」はまた、多数の国・社会を分析対象に含めることができる。これによって、条文解釈による比較検討が難しい一〇ヶ国や二〇ヶ国といった数の比較が可能となり、また、

「『参加』の権利スケール」の結果から、条文解釈で比較するべき対象国を見出すことも可能である。こうした利便性から、法学や社会政策学との架橋にも貢献すると考える。ただし、数量化することで、条文の持つ意味合いの多くを捨象している限界もあり、当然のことながら、本スケールによる結果が必ずしも「正しい」とは限らない。近接領域の力を借りながら、児童虐待対応法制度の評価をおこなう一つのツールとして、提案したいと考えている。

本指標にかんする今後の課題には、「『参加』の権利スケール」の適用において、「『参加』の権利リスト」の各項目の重要度を明らかにすることがある。より重要な項目については一つの案を示すことはできたものの、項目とその程度を決定するための根拠が検定に耐えうるほどには十分に揃わず、本研究では重みづけをせずに、全て同じ重みを持つものとして扱った。しかし、インタビュー調査でも被虐待児がより重視する「参加」の権利項目のあることは示されており、重視される項目と程度について明らかにすることは看過できない問題である。この点が本研究の限界であり、今後の課題の一つである。

次に、望ましい制度にかんする理論と経験的研究からの検討においては、被虐待児の「参加」権の望ましさを検証したことに本研究の意義がある。児童虐待対応研究においても、被虐待児の「参加」の望ましさの根拠は権利条約に求められることが多く、それ以上の検証はほとんどおこなわれてこなかった。本研究のこの点は、被虐待児の福祉および子どもの権利論にも貢献するものと考える。

また、被虐待児は児童虐待対応の最も中心的な存在でありながら、日本においては、その声が制度評価のために取り上げられることはこれまでほとんどなかった。インタビューに快く応じてくれた元被虐待児の皆様、そして彼女らを支える保護者の皆様に感謝するとともに、制度への評価として被虐待児の声を形にしたことは、本研究の意義だといえるだろう。

加えて、元被虐待児へのインタビュー調査によって、子どもの「参加」権論に新たな知見を提案できたことも、本研究の意義の一つである。子どもの「参加」権論は、子どもの発達を支える大人の存在を積極的に認めるなど子どもの要保護性にも目配りはなされているが、発達する子どもや、大人などの周囲の環境に変化を促す子どもなど、子どもの「参加」を積極的な意味で理解してきた。本研究で得られた結果は、依存することを子どもが主体的に選択できることも、子どもの「参加」権の一部になり得ることを示したものである。要保護性と自律性との関係の捉え方について一つのオルタナティブを提案できたことは、児童福祉のみならず、ケア関係を対象とする学問領域に多少なりと貢献できるのではないかと考える。

一方で、今後の課題には、在宅支援を受けている／た被虐待児の制度評価を得ることがある。本研究では、全てのインタビュー対象者が社会的養護を経験しており、家庭分離については、虐待からの保護や確実な進学の確保などを目的として、前向きに捉えた者が多かった。インタビューでは語られなかったものも多かったと推察するが、語られた範囲では、本人が保護者との間に一定の線を引いたことによって、本人・保護者・支援者の三者関係はそれほど複雑ではなく、本人と支援者の二者関係に焦点化することが可能であった。しかし、在宅支援を受けている／た被虐待児は、これとは異なる経験をしているため、本人・保護者・支援者の三者関係がもう少し複雑であるとすると、被介入経験も異なる可能性がある。児相で受理されたケースの七割以上が在宅支援を受けており、やはり在宅支援にある被虐待児からの評価は得る必要があるだろう。

また、本研究の結果が、従来の子どもの参加権論やそれ以外の者を対象とする参加権論、あるいはパターナリズム論において、どのような意味を持つのかについては、未だ考察の途上にある。この点についても、今後の課題としたい。

最後に、望ましい制度の実現可能性にかんする検討において、児童虐待対応関連法を制約する思考の枠組みに迫り仮説を示したことは、本領域の議論を開く契機にもなり得、意義があると考える。先行研究では、法を制約する条件に焦点化したものは管見の限りみられなかったため、今後の児童虐待対応の制度研究に、微力ながら貢献できるものと考える。

しかし、今後の課題としては三点があげられる。第一に、本研究では、なぜ児福法二〇一六年改正で「参加」にかんする規定が加えられたのか、その転換を促した条件について明らかにできていない。望ましい制度の実現に向け、この点を明らかにすることが第一の今後の課題である。

二つ目の課題は、親権にかんする法律を拘束する思想を明らかにすることである。日本の被虐待児とは保護者から虐待を受けた子どものことであり、児童虐待対応関連法は、当然に親子関係にかんする思想の影響も受けるはずである。しかし、本研究ではそこまで迫ることができなかった。これが今後の課題の二点目である。

そして第三に、二〇二二年改正・二〇二四年四月施行の児福法について、社会的養護にある子どもを対象に意見聴取の仕組みが新たに構築されようとしているが、その背景を探るための議事録の分析が本書の刊行までに間に合わなかったことがある。これは大きな転換であることから、議事録を分析し、法の枠組をつくる思想について検討する必要がある。

以上、六点を今後の課題としたい。未だ多くの課題を残してはいるが、本研究が少しでも被虐待児の福祉の向上に寄与できれば幸いである。

■注

1　ディープ・パターナリズムとは、被介入者の合理的思考能力を一切認めず、無制限に介入することを許容するパターナリズムである。

2　ハード・パターナリズムとは、被介入者の合理的思考能力は認めるが、その意思に反して介入することを許容するパターナリズムである。

3　リベラル・パターナリズムとは、介入者自身の介入行為に制約を課するパターナリズムである。

4　単数対象のソフト・パターナリズムとは、被介入者に合理的思考能力があるとする場合には、愚行権を許容するパターナリズムである。

資料

【資料1】一九三三年　児童虐待防止法（現代仮名遣いへ変更して掲載する）

第一条　本法において児童と称するは十四歳未満の者をいう

第二条　児童を保護すべき責任ある者児童を虐待し又は著しくその監護を怠りよって刑罰法令に触れ又は触れる虞ある場合においては地方長官は左の処分をなすことを得

一、児童を保護すべき責任ある者に対し訓戒を加うること

二、児童を保護すべき責任ある者に対し条件を付して児童の監護を為さしむること

三、児童を保護すべき責任ある者より児童を引き取りこれをその親族その他の私人の家庭又は適当なる施設に委託すること

前項第三号の規定による処分を為すべき場合において児童を保護すべき責任ある者親権者又は後見人にあらざるときは地方長官は児童を親権者又は後見人に引き渡すべし　ただし親権者又は後見人に引き渡すこと能わざるとき又は地方長官において児童保護の為適当ならずと認むるときはこの限にあらず

第三条　地方長官は前条の規定による処分を為したる場合おいて必要ありと認むるときは児童が十四歳に達したる後も一年を経過するまではその者につき前条の規定による処分を為すことを得

第四条　前二条の規定による処分の為必要なる費用は勅令の定むる所により本人又はその扶養義務者の負債とす　ただし費用の負担を為したる扶養義務者は民法第九百五十五条及び九百五十六条の規定により扶養義務を履行すべき者に対し求償を為すことを妨げず

第五条　前条の費用は道府県において一時これを繰替支弁すべし

前項の規定により繰替支払したる費用の弁償金徴収については府県税徴収の例による

本人又はその扶養義務者より弁償を得ざる費用は道府県の負担とす
第六条　国庫は勅令の定むる所により道府県の負担する費用に対しその二分の一以内を補助す
第七条　地方長官は軽業、曲馬又は戸戸につきもしくは道路において行う諸芸の演出もしくは物品の販売その他の業務及び行為にして児童の虐待にわたり又はこれを誘発する虞あるものにつき必要ありと認むるときは児童を用うることを禁止し又は制限することを得
前項の業務及び行為の種類は主務大臣これを定む
第八条　地方長官は第二条もしくは第三条の規定による処分を為し又は前条第一項の規定による禁止もしくは制限を為す必要ありと認むるときは当該官吏又は吏員をして児童の住所もしくは居所又は児童の従業する場所に立入り必要なる調査を為さしむることを得
この場合においては證票を携帯せしむべし
第九条　本法又は本法に基きて発する命令の規定により地方長官の為す処分に不服ある者は主務大臣に訴願することを得
第十条　第七条第一項の規定による禁止もしくは制限に違反したる者は一年以下の懲役又は十円以下の罰金に処す
児童を使用する者は児童の年齢を知らざるの故をもって前項の処罰を免るることを得ず　ただし過失なかりし場合はこの限りにあらず
第十一条　正当の理由なくして第八条の規定による当該官吏者もしくは吏員の業務執行を拒み、妨げもしくは忌避し又はその尋問に対し答弁を為さずもしくは虚偽の陳述を為し又は児童をして答弁を為さしめずもしくは虚偽の陳述を為さしめたる者は五百円以下の罰金に処す

【資料2】第4章「『参加』の権利リスト」にかんする各国の法規定

・以下の表の数字は条項数を示す。(例：児福33-5は、児福法第33条5項を示す。)
・アメリカはいずれの州においても各法律をタイトル数で管理しているため、法律名を省略し、タイトル数からの表記としている。
・「○」は各国の条文が「しなければならない」表記、△はそれ以外の強制力を伴わない表記または条文に制限内容が含まれる場合を示す。
・1項目に複数の条項が含まれる場合もあるが、以下の表では1つのみ記載する。

図表 10-1 【緊急・強制一時保護】(第1フェーズ)(保護者)

「参加」の権利		日本	アメリカコロンビア特別区	フランス	スウェーデン
I 情報提供	権利のあることを周知される権利		○ II-16-23-I-2312c		△ LVU35
	権利について周知しない理由の報告・記載				
	対応内容を周知される権利		○ II-16-23-I-2312a (2)(B)(2)		
	対応内容を周知しない理由の報告. 記載				
	家族の状況にかんする情報の提供を受ける権利		○ II-16-23-I-2312b	○社家 L223-2	
	家族の状況について周知しない理由の報告・記載				
	周知されない権利				
II 出席	出席する権利	△児福 8-6、33-5	○ II-16-23-I-2312a(2)(B)		
	出席させない理由の報告・記載				
	出席しない権利				
III 意見表明	意見を表明する権利	△児福 8-6、33-5	○ II-16-23-I-2312a(2)(B)	○社家 L223-3	
	意見表明させない理由の報告・記載				
	意見表明しない権利		○ II-16-23-I-2312c		
	同意する権利	△児福 33-5			
	同意を求めない理由の報告・記載				
	同意しない権利			○社家 L223-2	
IV「参加」を促進する環境	意見を尊重される権利				
	意見を尊重しない理由の報告・記載				
	分かりやすいツールを使用してもらう権利				
	繰り返し聴取されない権利				
	繰り返し聴取されない権利を認めない理由				
	司法へアクセスできる権利				○ LVU41(1)(2)
	司法へアクセスさせない理由の報告・記載				
	苦情申し立てシステムを利用できる権利				
	苦情申し立てシステムを使用させない理由				
	安心して意見表明できる環境の権利				
V 代理	代理人をつける権利		○ II-16-23-I-2304		
	代理人を認めない理由の報告				○ LVU39
	代理人をつけない権利				
	裁判所による代理人任命の権利		△II-16-23-I-2304b		○ LVU39-3
	任命しない理由の報告・記載				
	代理人等の訓練		○ II-16-23-I-2304b		
	当事者団体の有無		○ I-4-13-1-cii-1303.52c		

出典：根岸(2018: 144)。

図表 10-2 【処遇開始時】(第 2 フェーズ)(子ども)

	「参加」の権利	日本	アメリカ コロンビア 特別区	フランス	スウェーデン
I 情報提供	権利のあることを周知される権利				△ LVU35
	権利について周知しない理由の報告・記載				
	対応内容を周知される権利			○社家 L223-1	△ LVU1
	対応内容を周知しない理由の報告. 記載				
	家族の状況にかんする情報の提供を受ける権利			○社家 L223-1	○ LVU1-6
	家族の状況について周知しない理由の報告・記載				
	周知されない権利				
II 出席	出席する権利	△児福 8-6、27-6		○民 375-2	○ LVU35-2
	出席させない理由の報告・記載				
	出席しない権利				
III 意見表明	意見を表明する権利	○児福 26-2		○社家 L223-4	
	意見表明させない理由の報告・記載				
	意見表明しない権利				
	同意する権利				△ LVU1
	同意を求めない理由の報告・記載				
	同意しない権利				
IV「参加」を促進する環境	意見を尊重される権利	△児福 2			△ LVU1-6
	意見を尊重しない理由の報告・記載				
	分かりやすいツールを使用してもらう権利				
	繰り返し聴取されない権利				
	繰り返し聴取されない権利を認めない理由				
	司法へアクセスできる権利				△ LVU41(1)(2)
	司法へアクセスさせない理由の報告・記載				
	苦情申し立てシステムを利用できる権利				
	苦情申し立てシステムを使用させない理由				
	安心して意見表明できる環境の権利				
V 代理	代理人をつける権利		△ II-16-23-I-2304a		○ LVU39
	代理人を認めない理由の報告				
	代理人をつけない権利				
	裁判所による代理人任命の権利		△ II-16-23-I-2304b(5)		○ LVU39-3
	任命しない理由の報告・記載				
	代理人等の訓練				
	当事者団体の有無				

出典：根岸(2018: 145)。

図表 10-3 【処遇開始時】(第 2 フェーズ)(保護者)

「参加」の権利		日本	アメリカ コロンビア 特別区	フランス	スウェーデン
I 情報提供	権利のあることを周知される権利			○社家 L223-1	△ LVU35
	権利について周知しない理由の報告・記載				
	対応内容を周知される権利				
	対応内容を周知しない理由の報告. 記載				
	家族の状況にかんする情報の提供を受ける権利	○虐防 8 の 2-2			
	家族の状況について周知しない理由の報告・記載				
	周知されない権利				
II 出席	出席する権利	△児福 8-6、27-6	○ II-16-23-I-2306a	○社家 L223-1	○ LVU35-2
	出席させない理由の報告・記載				
	出席しない権利				
III 意見表明	意見を表明する権利	○児福 26-2		○社家 L223-1,3	
	意見表明させない理由の報告・記載				
	意見表明しない権利				
	同意する権利	△児福 27-4		○社家 L223-2	○ LVU1
	同意を求めない理由の報告・記載				
	同意しない権利				
IV 「参加」を促進する環境	意見を尊重される権利				
	意見を尊重しない理由の報告・記載				
	分かりやすいツールを使用してもらう権利				
	繰り返し聴取されない権利				
	繰り返し聴取されない権利を認めない理由				
	司法へアクセスできる権利			○社家 L223-3-1	○ LVU41(1)(2)
	司法へアクセスさせない理由の報告・記載				
	苦情申し立てシステムを利用できる権利				
	苦情申し立てシステムを使用させない理由				
	安心して意見表明できる環境の権利				
V 代理	代理人をつける権利		○ II-16-23-I-2304b		○ LVU39
	代理人を認めない理由の報告				
	代理人をつけない権利				
	裁判所による代理人任命の権利		△ II-16-23-I-2304		○ LVU39-3
	任命しない理由の報告・記載				
	代理人等の訓練				
	当事者団体の有無				

出典：根岸(2018: 146)。

図表 10-4 【処遇期間中】(第３フェーズ)(子ども)

「参加」の権利		日本	アメリカ コロンビア 特別区	フランス	スウェーデン
Ⅰ情報提供	権利のあることを周知される権利				
	権利について周知しない理由の報告・記載				
	対応内容を周知される権利		○ II-16-23-I-2304b	△社家 L223-5	△ LVU1-6
	対応内容を周知しない理由の報告．記載				
	家族の状況にかんする情報の提供を受ける権利				○ LVU1-6
	家族の状況について周知しない理由の報告・記載				
	周知されない権利				
Ⅱ出席	出席する権利		○ I-4-13-I-A-1301.09e(2)		
	出席させない理由の報告・記載			△民 375-6	
	出席しない権利				
Ⅲ意見表明	意見を表明する権利		○ I-4-13-I-A-1301.09e(2)	△民 375-6	
	意見表明させない理由の報告・記載				
	意見表明しない権利				
	同意する権利			△民 375-6	
	同意を求めない理由の報告・記載				
	同意しない権利			△民 375-6	
Ⅳ「参加」を促進する環境	意見を尊重される権利	△児福 2			
	意見を尊重しない理由の報告・記載				
	分かりやすいツールを使用してもらう権利				
	繰り返し聴取されない権利				
	繰り返し聴取されない権利を認めない理由				
	司法へアクセスできる権利				
	司法へアクセスさせない理由の報告・記載				
	苦情申し立てシステムを利用できる権利				
	苦情申し立てシステムを使用させない理由				
	安心して意見表明できる環境の権利				
Ⅴ代理	代理人をつける権利		△ II-16-23-I-2304a		
	代理人を認めない理由の報告				
	代理人をつけない権利				
	裁判所による代理人任命の権利		△ II-16-23-I-2304b(5)		
	任命しない理由の報告・記載				
	代理人等の訓練				
	当事者団体の有無				

注：(日)全ての処遇にかんする意見表明の機会の保障でないため、△とする。

出典：根岸(2018: 147)。

図表 10-5 【処遇期間中】(第 3 フェーズ)(保護者)

「参加」の権利		日本	アメリカ コロンビア特別区	フランス	スウェーデン
I 情報提供	権利のあることを周知される権利		○ II-16-23-I-2305a		
	権利について周知しない理由の報告・記載				
	対応内容を周知される権利		○ II-16-23-I-2304b	○社家 L223-5	
	対応内容を周知しない理由の報告．記載				
	家族の状況にかんする情報の提供を受ける権利				
	家族の状況について周知しない理由の報告・記載				
	周知されない権利				
II 出席	出席する権利		○ I-4-13-I-A-1301.09e(2)	△民 375-6	
	出席させない理由の報告・記載				
	出席しない権利				
III 意見表明	意見を表明する権利	△虐防 12 の 4-3	○ I-4-13-I-A-1301.09e(2)	△民 375-6	
	意見表明させない理由の報告・記載				
	意見表明しない権利				
	同意する権利			△民 375-6	
	同意を求めない理由の報告・記載				
	同意しない権利			△民 375-6	
IV 「参加」を促進する環境	意見を尊重される権利				
	意見を尊重しない理由の報告・記載				
	分かりやすいツールを使用してもらう権利				
	繰り返し聴取されない権利				
	繰り返し聴取されない権利を認めない理由				
	司法へアクセスできる権利				
	司法へアクセスさせない理由の報告・記載				
	苦情申し立てシステムを利用できる権利				
	苦情申し立てシステムを使用させない理由				
	安心して意見表明できる環境の権利				
V 代理	代理人をつける権利		○ II-16-23-I-2304b		
	代理人を認めない理由の報告				
	代理人をつけない権利				
	裁判所による代理人任命の権利		△ II-16-23-I-2304		
	任命しない理由の報告・記載				
	代理人等の訓練				
	当事者団体の有無				

出典：根岸(2018: 148)。

図表 10-6 【処遇終了時】(第 4 フェーズ) (子ども)

「参加」の権利		日本	アメリカ コロンビア 特別区	フランス	スウェーデン
I 情報提供	権利のあることを周知される権利				
	権利について周知しない理由の報告・記載				
	対応内容を周知される権利			△社家 L223-5	△ LVU1-6
	対応内容を周知しない理由の報告．記載				
	家族の状況にかんする情報の提供を受ける権利				○ LVU1-6
	家族の状況について周知しない理由の報告・記載				
	周知されない権利				
II 出席	出席する権利		○ II-16-23-I-2323e		
	出席させない理由の報告・記載				
	出席しない権利				
III 意見表明	意見を表明する権利				
	意見表明させない理由の報告・記載				
	意見表明しない権利				
	同意する権利				
	同意を求めない理由の報告・記載				
	同意しない権利				
IV「参加」を促進する環境	意見を尊重される権利	△児福 2			
	意見を尊重しない理由の報告・記載				
	分かりやすいツールを使用してもらう権利				
	繰り返し聴取されない権利				
	繰り返し聴取されない権利を認めない理由				
	司法へアクセスできる権利				
	司法へアクセスさせない理由の報告・記載				
	苦情申し立てシステムを利用できる権利				
	苦情申し立てシステムを使用させない理由				
	安心して意見表明できる環境の権利				
V 代理	代理人をつける権利		△ II-16-23-I-2304a		○ LVU39
	代理人を認めない理由の報告				
	代理人をつけない権利				
	裁判所による代理人任命の権利		△ II-16-23-I-2304b(5)		○ LVU39-3
	任命しない理由の報告・記載				
	代理人等の訓練				
	当事者団体の有無				

注：日本の「意見を表明する権利」については、一般法である児福法 8 条 6 項にて児童福祉審議会が必要を認めるときに被虐待児の出席および意見表明の機会が規定されているが、特別法である虐防法 13 条では児童福祉司のみに意見聴取が求められており、特別法が優先される原則から、本分析では無規定とした。
出典：根岸(2018: 149)。

図表 10-7 【処遇終了時】(第 4 フェーズ)(保護者)

「参加」の権利		日本	アメリカコロンビア特別区	フランス	スウェーデン
Ⅰ情報提供	権利のあることを周知される権利				
	権利について周知しない理由の報告・記載				
	対応内容を周知される権利	○児福 33 の 4-1,4		○社家 L223-5	
	対応内容を周知しない理由の報告. 記載				
	家族の状況にかんする情報の提供を受ける権利				
	家族の状況について周知しない理由の報告・記載				
	周知されない権利				
Ⅱ出席	出席する権利		○ II-16-23-I-2323e		
	出席させない理由の報告・記載				
	出席しない権利				
Ⅲ意見表明	意見を表明する権利				
	意見表明させない理由の報告・記載				
	意見表明しない権利				
	同意する権利				
	同意を求めない理由の報告・記載				
	同意しない権利				
Ⅳ「参加」を促進する環境	意見を尊重される権利				
	意見を尊重しない理由の報告・記載				
	分かりやすいツールを使用してもらう権利				
	繰り返し聴取されない権利				
	繰り返し聴取されない権利を認めない理由				
	司法へアクセスできる権利				
	司法へアクセスさせない理由の報告・記載				
	苦情申し立てシステムを利用できる権利				
	苦情申し立てシステムを使用させない理由				
	安心して意見表明できる環境の権利				
Ⅴ代理	代理人をつける権利		○ II-16-23-I-2304b		○ LVU39
	代理人を認めない理由の報告				
	代理人をつけない権利				
	裁判所による代理人任命の権利		△ II-16-23-I-2304		○ LVU39-3
	任命しない理由の報告・記載				
	代理人等の訓練				
	当事者団体の有無				

注：日本の「意見を表明する権利」については、一般法である児福法 8 条 6 項にて児童福祉審議会が必要を認めるときに被虐待児の出席および意見表明の機会が規定されているが、特別法である虐防法 13 条では児童福祉司のみに意見聴取が求められており、特別法が優先される原則から、本分析では無規定とした。
出典：根岸(2018: 150)。

【資料 3】第 6 章・第 7 章インタビュー対象者一覧

図表 10-8　インタビュー調査対象者

調査対象者	インタビュー時 年齢・性別	虐待種別	措置経験時年齢 （解除時年齢）	インタビュー 形態
A さん	20 代・女	遺棄	0 歳、3 歳、10 歳、（18 歳）	単独
B さん	10 代・女	（保護者の疾患）	6 歳	グループ
C さん	20 代・女	性的虐待、身体的虐待	12 歳、14 歳、（15 歳）	単独
D さん	20 代・女	里親宅での心理的虐待	11 歳、13 歳、17 歳、（18 歳）	単独
E さん	10 代・女	身体的虐待、心理的虐待、ネグレクト	12 歳	単独
F さん	20 代・男	身体的虐待	12 歳、17 歳、（18 歳）	単独
G さん	10 代・女	身体的虐待	16 歳、（18 歳）	単独
H さん	10 代・男	遺棄	0 歳、11 歳	グループ
I さん	20 代・女	遺棄	0 歳、9 歳、（18 歳）	グループ
J さん	20 代・女	遺棄	0 歳、10 歳、（18 歳）	グループ
K さん	20 代・女	遺棄	0 歳、3 歳、（18 歳）	グループ
L さん	20 代・女	身体的虐待、心理的虐待	16 歳、（18 歳）	単独

出典：根岸（2018: 151）。

――――, 2002,「児童虐待防止制度の国際比較から見た我が国の法制度上の課題」研究代表鈴木博人,『平成 13 年度厚生科学研究（子ども家庭総合研究事業）報告書　児童保護システムと児童福祉法の国際比較研究』厚生省 , 230-243.

The New York Times 紙 , April 10,1874, http://query.nytimes.com/mem/archive-free/pdf?res=9502E3D61039EF34BC4852DFB266838F669FDE (2017.2.17. 閲覧)

津崎哲郎 , 2004「児童虐待対応の変遷と課題：児童相談所を中心に」『子どもの虹情報研修センター紀要』2, 7-13.

上野千鶴子 , 2011,『ケアの社会学：当事者主権の福祉社会へ』太田出版 .

上野加代子 , 1996,『児童虐待の社会学』世界思想社.

――――, 2006,「児童虐待の発見方法の変化：日本のケース」上野加代子編『児童虐待のポリティクス』明石書店 .

Unicef『子どもの権利条約　締約国』
http://www.unicef.or.jp/about_unicef/about_rig_list.html (2017.6.13. 閲覧)

宇都義和 , 2012,「司法参加と『法の限界』」江口厚仁・林田幸広・吉岡剛彦編『圏外に立つ法／理論：法の領分を考える』ナカニシヤ出版.

Wada, Ichiro, 2014, The social costs of child abuse in Japan, *Children and Youth Services Review* 46, 72-77.

Wald, Michael, 1975, State Intervention on Behalf of "Neglected" Children: A Search for Realistic Standards, *Standford Law Review*, 27, 985-1040.

Warnock, G.J., 1973, *The Object of Morality,* Oxford University Press.

Wason, P.C. and Johnson-Laird,P.N., 1972, *Psychology of Reasoning: Structure and Content,* Harverd University Press.

Weber, Max, 1947, *Wirtschaft und Gesellchaft,* 3.Anfl., J.C.B.Mohr.

Wikler, Daniel, 1979, Paternalism and the Mildly Retarded, *Philosophy & public affairs,* 8(4), 377-392.

Wordsfold,Victor L., 1974, A philosophical justification for children's Rights, *Harvard education review,* 44(1), 142-157.

山室軍平 , 1922,「児童虐待防止運動」『社会事業』6(5), 67-71.

横田光平 , 2010,『子ども法の基本構造』信山社 .

――――, 2011,「子どもの意思・両親の権利・国家の関与：『子の利益』とは何か」『法律時報』83, 10-17.

読売新聞 , 1909 年 6 月 22 日.

――――, 1922 年 7 月 30 日.

――――, 1922 年 8 月 21 日.

――――, 1922 年 12 月 26 日.

吉田恒雄 , 1992,「被虐待児の保護と適正手続の保障」『法と民主主義』267, 22-24.

Stern, Rebecca, 2006, *The Child's Right to Participation: Reality or Rhetoric?,* Disserrtation, Uppsala University.

末川博・天野和夫・井戸田侃・乾昭三・窪田隼人・中井美雄・中川淳・松岡正美・山下健次・山手治之・市川正人・上田寛・佐藤敬二・吉田美喜夫・吉村良一，2009,『法学入門〔第 6 版〕』末川博編，有斐閣双書.

菅富美枝，2010,「判断能力の不十分な『市民』を包摂する『市民社会』の法制度：イギリスの成年後見制度を手がかりとして」『法哲学年報』47-60.

杉山登志郎，2007,『発達障害の子どもたち』講談社現代新書.

炭谷茂・齋藤薫，1994,「児童虐待の実態と政策：歴史的・国際的比較分析から」『社会福祉研究』59, 17-24.

鈴木浩之，2007,「『子ども虐待』への保護者参加型支援モデルの構築を目指して：児童相談所における家族再統合についての取り組み」『社会福祉学』48, 79-93.

高田清恵，2012a,「近親者からの虐待・暴力の早期発見と一時保護」研究代表古橋エツ子『虐待防止法の総合的研究：国際比較と学際領域のアプローチを軸に　最終報告書：2009 年度 - 2011 年度日本学術振興会科学研究費補助金　基盤研究（B)』15-21.

———，2012b,「⑥スウェーデン」研究代表古橋エツ子『虐待防止法の総合的研究：国際比較と学際領域のアプローチを軸に　最終報告書：2009 年度 - 2011 年度日本学術振興会科学研究費補助金　基盤研究（B)』130-138.

田中真衣，2008,「日本における児童虐待に関する社会的対応の変遷:明治時代·大正時代」『社会福祉』49, 101-114.

———，2010,「日本における児童虐待に関する社会的対応の変遷:昭和初期」『子ども家庭福祉学』9, 61-70.

田中通裕，1987a,「フランス親権法における監護（garde）概念について」『法と政治』29, 409-34.

———，1987b,「フランスにおける『宗教教育権』—『親権』研究の一視点として—」『法と政治』33, 267-312.

Tatara Toshio, 1975, *1400 Years of Japanese Social Work from its Origins Trough Allied Occupation, 552-1952,* Dissertation, The Graduate School of Social Work and Social Research, Bryn Mawr College.（英文未出版. =1997, 菅沼隆・古川考順訳『占領期の福祉改革：福祉行政の再編成と福祉専門職の誕生』筒井書房）.

寺脇隆夫，1996a,「昭和初頭における救貧法制定方針の確定と児童扶助法案の帰趨：救護法の成立過程での『空白』に何があったのか（上)」『長野大学紀要』17, 33-53.

———，1996b,「昭和初頭における救貧法制定方針の確定と児童扶助法案の帰趨：救護法の成立過程での『空白』に何があったのか（下)」『長野大学紀要』18, 30-50.

――――, 2004,『関係的権利論：子どもの権利から権利の再構成へ』勁草書房.
太田昭 , 1997,「子どもの権利論の教育哲学的基礎」『東海教師教育研究』13, 29-42.
Piajet, Jean, 1936, *La Psychologie de l'intelligence*,（=1998, 波多野完治・滝沢武久訳『知能の心理学』みすず書房.）
Pringle, Keith, 1998, *Children And Social Welfare in Europe*, Open University Press.
Rädda Barnen, 2013, *Inuti Ett BARNAHUS: En Kvalitetsgranskning av 23 Svenska verksamheter*, Linköpings universitet Hälsouniversitetet.
Ragin, Charles C., 2008, *Redesigning Social Inquiry: Fuzzy Sets and Beyond*. Chicago University Press.
Rasmusson, Bodil, 2011, Children's Advocacy Centers (Barnahus) in Sweden: Experiences of Children and Parents. *Child Indicators Research*, 4, 301-321.
Richards, David A.J., 1980, The individual, the family, and the constitution: A jurisprudential perspective, *New York University Law Review*, 1, 1-62.
Rihoux, Benoît, Ragin, Charls C., 2009, *Configurational Comparative Methods: Qualitative Conparative Analysis (QCA) and Related Techniques*, SAGE.（= 2016, 石田淳・齋藤圭介監訳 , 根岸弓・姫野宏輔・横山麻衣・脇田彩訳『質的比較分析（QCA）と関連手法入門』晃洋書房.
Rosenak, Julia, 1982, Should children be subject to paternalistic restrictions in their Liberties?, *Journal of Philosophy of Education*, 16(1), 89-96.
才村純 , 2005,「児童虐待防止制度の動向と保健領域の役割」『小児保健研究』64(5), 651-659.
――――, 2011,「子ども虐待防止制度の現状と課題」『司法書士』467, 10-15.
Sabatier, Paul A., 1988, An Advocacy Coalition Framework of Policy Change and the Role of Policy-oriented Learning Terein, *Policy Sciences*, 21, 129-168.
――――, 2007, *Theories of the Policy Process*, 2nd. ed., Westview Press.
――――, 2008, Top-Down and Bottom-Up Approaches to Implementation Research: a Critical Analysis and Suggested Synthesis, *Journal of Public Policy*, 6-01, 21-48.
――――, Christopher M.Weible, 2014, *Theories of the Policy Process*, 3rd. ed., Westview Press.
世取山洋介 , 2003,「子どもの意見表明権の Vygotsuky 心理学に基づく存在論的正当化とその法的含意」『法政理論』36(1), 123-177.
Shapiro,Tamar, 1999, What is a child?, *Ethics*,109, 715-738.
――――, 2003, Childhood and Personhood, *Arizona Law Review*, 45(3), 575-594.
荘子邦雄 , 1972,「少年法の理念と国親思想」『刑法雑誌』18（3・4）, 250-277.
Shrag,Francis, 1977, The child in the moral order, *Philosophy*, 52, 176-177.
篠原拓也 , 2015,「児童相談所と対立する親への支援」『社会問題研究』64, 13-26.
副田あけみ , 2005,『社会福祉援助技術論――ジェネラリスト・アプローチの視点から』誠信書房.

Mill, John S., 1859, *On Liberty*, Longman,Roberts & Green.（＝塩尻公明･木村健康訳 , 1971,『自由論』岩波文庫.）

Minow, Martha, 1990, *Making All the Difference: Inclusion, Exclusion, and American Law*, Cornell University Press.

――――, 1995, Children's Rights: Where We've Been, and Where We're Going, *Temple Law Review*, 68, 1573-1584.

水野紀子 , 2010,「児童虐待への法的対応と親権制限のあり方」『社会保障研究』45, 361-372.

森田明 , 1999,『未成年者保護法と現代社会：保護と自律のあいだ』有斐閣.

Mudaly, Neerosh, Goddard, Chris, 2006, *The Truth is Longer than a Lie: Children's Experiences of Abuse and Professional Interventions*, Jessica Kingsley Publishers.

内閣府 , 2015,『子ども・若者白書（全体版）』http://www8.cao.go.jp/youth/whitepaper/h27honpen/index.html（2017.9.27. 閲覧）

中川明 , 1999,「子どもの意見表明権と表現の自由に関する一考察―― いわゆる『ゲルニカ訴訟』の『意見書』から」『北大法学論集』50,43-61.

中村直美 , 2007,『パターナリズムの研究　熊本大学法学会叢書 8』成文堂.

生江孝之 , 1909,「泰西に於ける救児事業」『慈善』1(2), 37-49.

――――, 1923,「児童保護の観念」『社会事業』6(11),20-25.

根岸弓 , 2013,「児童虐待対応制度の基本構造とその意味――親と子の主体化を基準とする分析モデルの提唱」『社会福祉学』54(2), 32-43.

――――, 2015,「児童虐待対応制度の評価指標の構築と経験的適用の国際比較からみえる日本の制度的特徴」『社会福祉学』56(3), 29-43.

――――, 2017,「なぜ被虐待児の『参加する権利』は法から排除されるのか」本澤巳代子編著『家族のための総合政策Ⅳ：家族内の虐待・暴力と貧困　総合叢書 21』信山社.

――――, 2018,『日本の被虐待児の福祉に資する児童虐待対応法制度の構想――評価指標の構築および制度構想に対する理論的・経験的検討――』首都大学東京大学院博士学位論文.

野瀬綾子 , 2003,「児童虐待当事者の権利擁護と福祉サービスの管理（1）アメリカの児童保護システムからの示唆」『民商法雑誌』128, 607-45.

Note, 1980, Developments in the Law: The Constitution and the Family, *Harvard Law Review*, 93(6), 1156-1383.

Olsson Hort,Sven E., 1997, Toward a Deresidualization of Swedish Child Welfare Policy and Practice? Gilbert, Neil ed., *Combatting Child Abuse—International Perspectives and Trends*. Oxford University Press, 105-24

大江洋 , 2003,「子どもにおけるパターナリズム問題」『人文論究』72, 15-37.

――――, 1997 年 6 月 20 日付児発第 434 号通知.
――――, 1998 年 3 月 31 日付児企第 13 号通知.
――――, 1998 年 5 月 18 日付児発 397 号通知.
――――, 1956,『厚生白書』.
――――, 1957,『厚生白書』.
厚生労働省, 2002 年 6 月 19 日付健発第 619001 号／雇児発第 619001 号通知.
――――, 2006 年 9 月 26 日付雇児総発第 926001 号通知.
――――, 2012 年 3 月 9 日付雇児総発第 309001 号通知.
――――, 2012 年 7 月 26 日付雇児総発第 726001 号通知.
――――, 児童虐待防止対策・DV 防止対策・人身取引対策等, 児童虐待の発生予防, http://www.mhlw.go.jp/stf/seisakunitsuite/bunya/kodomo/kodomo_kosodate/dv-jinshin/index.html#hid0_mid6 (2017.3.5. 閲覧)
厚生労働省雇用均等・児童家庭局総務課, 2003,「『児童虐待への対応など要保護児童および要支援家庭に対する支援のあり方に関する当面の見直しの方向性について』の取りまとめについて（児童部会報告書)」2003.11.17., http://www.mhlw.go.jp/shingi/2003/11/s1117-4.html (2017.3.12. 閲覧)
厚生労働省社会保障審議会児童部会, 2015,「新たな子ども家庭福祉のあり方に関する専門委員会（第 1 回）議事録」2015.9.7., http://www.mhlw.go.jp/stf/shingi2/0000100556.html (2017.1.2. 閲覧)
――――, 2015,「新たな子ども家庭福祉のあり方に関する専門委員会（第 4 回）議事録」2015.12.10., http://www.mhlw.go.jp/stf/shingi2/0000115946.html (2017.1.2. 閲覧)
――――, 2015,「新たな子ども家庭福祉のあり方に関する専門委員会　新たな児童虐待防止システム構築検討ワーキンググループ（第 2 回）議事録」2015.10.22., http://www.mhlw.go.jp/stf/shingi2/0000106114.html (2017.1.2. 閲覧)
――――, 2015,「新たな子ども家庭福祉のあり方に関する専門委員会　新たな児童虐待防止システム構築検討ワーキンググループ（第 3 回）議事録」2015.10.30., http://www.mhlw.go.jp/stf/shingi2/0000106114.html (2017.1.2. 閲覧)
窪田静太郎, 1909,「英国に於ける児童虐待防止法の梗概」『慈善』1(2), 1-13.
Lee, Simon, 1986, *Law and Morals,* Oxford University Press (=1993, 加茂直樹訳『法と道徳：その現代的展開』世界思想社.）
Lundstrom,Tommy, 2001, Child Protection,Voluntary Organizations, and the Public Sector in Sweden. *International Journal of Voluntary and Nonprofit Organazations 12*, 355-71.
Masson et al., 2008, *Cretney Principles of Family Law*, 8thed.Sweet& Maxwell.
McMullen, Judith G., 1992, Privacy, Family Autonomy, and the Maltreated Child, *Marquette Law Review*, 75, 569-98.

――――, 2008,『虐待大国アメリカの苦闘:児童虐待防止への取組みと家族福祉政策』ミネルヴァ書房.
波田野英治, 2008,「児童虐待防止法の意義と課題」『聖和大学論集　A・B 教育学系・人文学系』36, 175-181.
東野充成・山瀬範子, 2004,「児童虐待防止法立法過程にみる子ども観」『九州教育学会研究紀要』32, 157-164.
広井多鶴子, 2012,「児童虐待をめぐる言説と政策：児童虐待防止法は何をもたらしたか」『日本教育政策学会年報』19, 40-57.
Houlgate,Lawrence D., 1979, Children,Paternalism, and Rights to Liberty, O'Neill & Ruddick eds., *Having Children,* Oxford University Press.
家永登, 2003,「医療と子どもの自己決定：医療法制の枠組との関連で」『法律時報』75, 37-41.
池谷和子, 2010,「児童虐待と親権制度をめぐる昨今の論議」『東洋法学』54(2), 197-204.
井上達夫, 1997,「〈正義への企て〉としての法」『岩波講座　現代の法 15　現代の法学の思想と方法』, 岩波書店.
石田勝之, 2005,『子どもたちの悲鳴が聞こえる：児童虐待防止法ができるまで』中央公論事業出版.
石井光太, 2016,『鬼畜の家：わが子を殺す親たち』新潮社.
石川稔, 2000,「児童虐待をめぐる法政策と課題」『ジュリスト』1188, 2-10.
勝田美穂, 2015,「児童虐待防止法の立法過程:提唱連携モデルからの分析」『岐阜経済大学論集』49(1), 1-20.
河合務, 2001,「フランス第三共和政前期における『父権』批判と児童保護政策：Th. ルーセルと 1889 年児童保護法」『日本教育政策学会年報』8, 140-54.
こども家庭庁, 2023,「児童福祉法等の一部を改正する法律（令和 4 年法律第 66 号）の概要」, https://www.cfa.go.jp/assets/contents/node/basic_page/field_ref_resources/a7fbe548-4e9c-46b9-aa56-3534df4fb315/14b20e3b/policies_jidougyakutai_Revised-Child-Welfare-Act_01.pdf (2023.12.30. 閲覧)
国立公文書館デジタルアーカイブ,「児童虐待防止法 (1933 年)」 http://www.digital.archives.go.jp/das/image/F0000000000000032825 (2017.3.2. 閲覧)
許斐有, 1994,「家庭における子どもの権利：親権法制における子どもの権利とは：児童虐待問題を手がかりとして」『法学セミナー』476, 36-38.
――――, 2001,『子どもの権利と児童福祉法：社会的子育てシステムを考える』増補版, 信山社.
厚生省, 1946 年 3 月 31 日付発児第 20 号通達.
――――, 1949 年 5 月 14 日付発児第 45 号通知.
――――, 1949 年 6 月 15 日付発児第 70 号通達.
――――, 1996 年 5 月 15 日付児発第 516 号通知.

第 190 回国会衆議院厚生労働委員会議事録 18 号 , 2016.

Department for Education, UK, 2015, *Working together to safeguard children: A guide to inter-agency working to safeguard and promote the welfare of children,* https://www.gov.uk/government/uploads/system/uploads/attachment_data/file/592101/Working_Together_to_Safeguard_Children_20170213.pdf (2018.1.20. 閲覧)

Derrida, Jacques, 1984, Declarations d'Independence, *Otobiographies: L'enseignement de Nietzsche et la politique du nom proper,Paris:* Galilee. (=1986, T. Keenan and T. pepper, trans., Declarations of Independence, *New Political Science*, vol.15.)

Donaldson, Margaret, 1978, *Children's Minds*, New Ed edition.

Dworkin, Gerald, 1971, Paternalism, Richard A. Wasserstrom ed., *Morality and the Law,* Wadsworth Publishing Company, 181-188.

栄留里美 , 2009,「市町村行政における児童虐待防止対応の課題：子どもの人権の視点に立った家族援助とは」『大阪市立大学「人権問題研究」』9, 25-41.

遠藤美貴 , 2010,「政策立案への知的障害当事者参加・参画に関する研究：障害者計画／障害福祉計画に関する全国調査に基づいて」『立教女学院短期大学紀要』42, 73-81.

Feinberg, Joel, 1986, *Harm to Self,* Oxford University Press.

Fineman, Martha Albertson, 1995, *The Neutered Mother, the Sexual Family and Other Twentieth Century Tragedies.* Routledge. (= 2005, 速水葉子・穐田信子訳 , 上野千鶴子監訳『家族，積みすぎた箱舟：ポスト平等主義のフェミニズム法理論』学陽書房).

古橋エツ子 (研究代表) , 2012,『虐待防止法の総合的研究：国際比較と学際領域のアプローチを軸に最終報告書：2009 年度 -2011 年度日本学術振興会科学研究費補助金・基盤研究 (B)』.

古川孝順 , 1992,『子どもの権利』有斐閣.

外務省 , 1996,「日本政府第 1 回報告」, http://www.mofa.go.jp/mofaj/gaiko/jido/9605/index.html (2017.3.4. 閲覧)

――――― ,『児童の権利に関する条約　全文』, http://www.mofa.go.jp/mofaj/gaiko/jido/zenbun.html (2017.6.13. 閲覧)

Gilbert, Neil ed., 1997, *Combatting Child Abuse: International Perspectives and Trends,* Oxford University Press.

―――――, Nigel, Parton and Skivenes, Marit ed., 2011, *Child Protection Systems: International Trends and Orientations,* Oxford University Press.

原胤明 , 1909,「児童虐待防止事業」『慈善』1(2),69-75.

――――― , 1922,「児童虐待防止事業最初の試み」『社会事業』6(5), 72-9.

原田綾子 , 2006,「児童虐待と子育て支援：アメリカでの議論と実践を手がかりとして」『法社会学』65, 217-242.

文献

Adoption Assistance and Child Welfare Act of 1980, P.L.98-272, Major Federal Legislation Index and Search, Child Welfare Information Gateway, U.S.Department of Health & Human Services HP, https://www.childwelfare.gov/topics/systemwide/laws-policies/federal/search/?CWIGFunctionsaction=federallegislation:main.getFedLedgDetail&id=22 (2017.5.21. 閲覧)

CAPTA: The Child Abuse Prevention and Treatment Act 2016, https://www.acf.hhs.gov/cb/resource/capta2016 (2017.12.25. 閲覧)

帖佐尚人 , 2009,「子どもに対するパターナリズムの正当化についての一考察：1970 年代の英米におけるその初期の議論の検討を中心に」『早稲田大学大学院教育学研究科紀要』 別冊 , 17(1), 13-23.

Clark, Robin E., Clark, JudithFreedman., Adamec, Christine, 1998, *The Encyclopedia of Child Abuse*.3rd ed. Facts on File. (= 2009, 門脇陽子・森田由美訳 , 小野善郎・川崎二三彦・増沢高監修『子ども虐待事典』 福村出版).

Committee on the Rights of the Child,United Nations, 2009, *General Comment No.12, The right of the child to be heard.*

第 64 回帝国議会貴族院本会議会議録第 27 号 , 1933.

――――30 号 , 1933.

第 64 回帝国議会貴族院児童虐待防止法案特別委員会議会議録第 1 号 , 1933.

――――2 号 , 1933.

第 64 回帝国議会衆議院本会議会議録第 25 号 , 1933.

――――28 号 , 1933.

第 64 回帝国議会衆議院少年教護法案委員会会議録第 16 号 , 1933.

――――第 17 号 , 1933.

――――第 18 号 , 1933.

第 140 回国会参議院厚生委員会議会議録第 6 号 , 1997.

第 146 回国会衆議院青少年問題に関する特別委員会会議録第 2 号 , 1999.

第 147 回国会衆議院本会会議録第 33 号 , 2000.

第 159 回国会衆議院厚生労働委員会会議録第 5 号 , 2004.

――――第 8 号 , 2004.

謝　辞

社会福祉とは全く関係のない仕事に就いていた頃、甥が姉のお腹にやってきた。わが家ではその誕生をたいそう楽しみにしていたが、テレビでは虐待で命を落とす子どもたちのニュースが日々流れていた。やがて、児童相談所で働きたいと思うようになり、児童虐待について学ぶために改めて大学の門を叩いた。しかし、いざ勉強してみると児童虐待には分からないことが多く、想像をはるかに超える時間を学びに費やすことになっていた。たくさんの方々に支えられ、助けていただいて、ここまできた。ここに記して、感謝の意を伝えたい。

はじめに、インタビューに応じてくださった方々に、心より感謝を申し上げたい。見ず知らずの者に、非常にプライベートなことを語ることは、大変なご負担だったであろうと推察する。そうしたなかで、最後までひとつひとつ丁寧にお答えいただいた。皆さまからの声を、できるだけ多くの方に届けたいと思っている。心から感謝申し上げる。

また、インタビュー調査に際しては、先輩である三輪清子さん、里親関係者の皆様、児童相談所関係者の皆様にも大変お世話になった。皆さまにご協力いただいたお陰様で、大変貴重な声を聞くことができた。心から御礼申し上げる。

本研究をまとめるにあたっては、学部生の頃からご指導いただいた稲葉昭英先生に大変お世話になった。稲葉ゼミで出会った上質の文献は、私の思考の土台となり、私の財産になっている。たくさんの有益な助言とともに、精神的に支えていただいたことには、ただひたすらに感謝の気持ちしかない。研究者、そして教育者としてのあるべき姿を間近に見ることができたことは、大変幸いであった。

矢嶋里絵先生には、稲葉先生が他大学へ移られたあとの身元引受人になっていただいた。研究途中から院生を受け持つことは、矢嶋先生にも大変なご負担だったことと思う。しかし、まとまりのない研究の、要領を得ない私の説明にいつも耳を傾けてくださり、法学領域の重要な参考文献を紹介してくださった。また、多くの素晴らしい先生方に引き合わせてくださり、学外の先生方からも折に触れて助言を頂戴する機会を持つことができた。いつもあたたかく見守ってくださり、たくさんのチャンスをいただいた。心から、感謝を申し上げる。

堀江孝司先生には、学位の審査過程で非常に丁寧に本稿を見ていただいた。ひとつひとつのご指摘が鋭く、応答には更に勉強し、考察を深める必要があった。堀江先生には、公聴会のあとにもご助言をいただくなど、非常にお忙しいなかで多くの時間を割いていただいた。研究を深めるためにくださったたくさんのヒントは、今後の研究の道しるべになっている。

最後に、研究のきっかけをくれた甥、本稿執筆中にはいつもお菓子を差し入れてくれた姪、黙って執筆に集中させてくれた家族、気晴らしに付き合ってくれた私の大切なペットたち、論文執筆のために約束を反故にしても許してくれ、愚痴を聞いてくれた友人の皆さま、本当にありがとうございました。

支えてくださった全ての皆さまに、心から感謝申し上げます。

根岸　弓

本書のテキストデータを提供いたします

　本書をご購入いただいた方のうち、視覚障害、肢体不自由などの理由で書字へのアクセスが困難な方に本書のテキストデータを提供いたします。希望される方は、以下の方法にしたがってお申し込みください。

◎データの提供形式＝CD-R、メールによるファイル添付（メールアドレスをお知らせください）。

◎データの提供形式・お名前・ご住所を明記した用紙、返信用封筒、下の引換券（コピー不可）および200円切手（メールによるファイル添付をご希望の場合不要）を同封のうえ弊社までお送りください。

●本書内容の複製は点訳・音訳データなど視覚障害の方のための利用に限り認めます。内容の改変や流用、転載、その他営利を目的とした利用はお断りします。

◎あて先
〒160-0008
東京都新宿区四谷三栄町6-5 木原ビル303
生活書院編集部　テキストデータ係

【引換券】

被虐待児の視点からみる
児童虐待対応法制度

キリトリ線

著者紹介

根岸　弓

（ねぎし・ゆみ）


首都大学東京大学院（現：東京都立大学大学院）人文科学研究科博士後期課程修了。博士（社会福祉学）。社会福祉士。インドネシア芸術を専攻したのち，一般企業に就業し，方向転換して再度大学に入学し社会福祉学を専攻。

主な著書・訳書に、
野辺陽子編著『家族変動と子どもの社会学――子どものリアリティ／子どもをめぐるポリティクス』新曜社，2022年（分担執筆）、本澤巳代子編著『家族のための総合政策Ⅳ――家族内の虐待・暴力と貧困』信山社，2017年（分担執筆）、井上英夫他編『社会保障レボリューション――いのちの砦・社会保障裁判』高菅出版，2017年（分担執筆）、B.リウー・C.C.レーガン編著『質的比較分析（QCA）と関連手法入門』晃洋書房，2016年（共訳）、など。

主な論文に、

「家族を前提にできない子どもたち――社会的養護」『法学セミナー』69(2) 2024年、「新生児殺研究は新生児殺をどのように構成してきたか」『現代福祉研究』22，2022年、など。

被虐待児の視点からみる児童虐待対応法制度
――その構想と制度「評価」の検討

発　行―――― 2024年3月25日　初版第1刷発行

著　者―――― 根岸　弓

発行者―――― 髙橋　淳
発行所―――― 株式会社　生活書院
〒160-0008
東京都新宿区四谷三栄町6-5 木原ビル303
ＴＥＬ 03-3226-1203
ＦＡＸ 03-3226-1204
振替 00170-0-649766
http://www.seikatsushoin.com
印刷・製本―― 株式会社シナノ

Printed in Japan

ISBN 978-4-86500-168-6